AF534493

Dieses Buch versammelt erstmals Beiträge Ronald M. Schernikaus für Zeitungen, Journale und Anthologien. Zeittexte – Reportagen, Gedichtinterpretationen, Berichte, Glossen, Interviews –, die nach wie vor brennenden Fragen nachgehen: Wieso sind die Schlager der DDR so gut? Was macht ein revolutionärer Künstler ohne Revolution? Ficken in Zeiten von AIDS? Das Besondre am Sonett? Wie wird ein Brötchen ein Brötchen im Sozialismus? Wofür verkaufe ich mich eigentlich, wie gehe ich mit Größe durch den Schund der Zeit? Die umfassende Auswahl belegt noch am kleinsten Text Schernikaus Zugriff: Leben ohne Haltung, Kunst ohne Politik wird nicht zu haben sein.

Ronald M. Schernikau, geboren 1960 in Magdeburg, DDR, aufgewachsen in Hannover, BRD. 1980 Umzug nach Westberlin, Studium der Germanistik, Philosophie und Psychologie. Ab 1986 Studium am Institut für Literatur Johannes R. Becher in Leipzig, DDR. 1989 Staatsbürgerschaft der DDR und Übersiedlung nach Berlin. Dramaturg Hörfunk und Fernsehen bis zu seinem Tod 1991. Veröffentlichungen: kleinstadtnovelle (1980, 2002), die tage in l. (1989, 2001), legende (1999).

www.schernikau.net

RONALD M. SCHERNIKAU

KÖNIGIN IM DRECK

TEXTE ZUR ZEIT

Herausgegeben von Thomas Keck

VERBRECHER VERLAG

Zweite Auflage
Verbrecher Verlag Berlin 2018
www.verbrecherei.de

Einband: Sarah Lamparter, Büro Otto Sauhaus
Satz: Christian Walter

ISBN: 978-3-940426-34-5

Printed in Germany

Der Verlag dankt Vincent Exner und Christine Bawaj.

INHALT

über die lippen dieser leute wird
keine einzige klage kommen. ihre
psycho-geschichten intressieren
mich nicht. mich intressiert:
was macht eine königin im dreck?

rms.

O na nie!

Nach der etwas verspäteten Lektüre Eurer Juli-Ausgabe hier meine Kritik an Peter Hamm, der in seinem Artikel über La Cubana sich abfällig äußerte: „Die selbst in Villen wohnen, finden es skandalös, daß – so einer – auch Villenbesitzer ist." 1. Die meisten Kritiker können es sich noch immer nicht leisten, in Villen zu wohnen (wahrscheinlich weiß Herr Hamm das, versucht jedoch, Kritik abzuwerten). 2. Was will jemand, der für den Sozialismus arbeitet, in einer Villa? Es geht doch nicht darum, daß „einer, der für die Abschaffung der Armut arbeitet, selbst arm sein" muß. Es geht allein um das Geld für Villen und ähnliches, das sicher für Besseres und Sinnvolleres ausgegeben hätte werden können. Ich halte also alle diese sogenannten revolutionären Leute für schizophren (diese Schizophrenie mit Dialektik zu umschreiben, ist lächerlich), denn man darf nicht den Kapitalismus „genießen" und gleichzeitig bekämpfen und dann auch noch so tun, als sei man noch immer eine revolutionäre Kraft im Kapitalismus. Ich halte alles gegenteilige Tun für reine Selbstbefriedigung. Hamm & Co. kommen mir daher vor wie Pubertierende, die ihr verschämtes Onanieren plötzlich zum Programm erheben. Aber der Nachteil der Onanie besteht darin, daß man dabei keine Leute kennenlernt. Bei wirklicher Arbeit für den Sozialismus jedoch muß man Leute kennenlernen. Ein intellektuelles Bekenntnis muß noch lange nicht revolutionär sein.

Ronald M. Schernihau,
Lehrte

ÜBER GISELA ELSNER

gisela elsners bücher sind nicht privat. schon in ihrem ersten roman »die riesenzwerge« verdichtete sich ihr schreibanlaß zu fast parabelhaften bildern des ekels und der lächerlichkeit. die »humoristin des monströsen«, wie sie hans magnus enzensberger damals nannte (der satz verfolgt sie heute noch, obwohl er längst nicht mehr stimmt), beobachtete eine kleinbürgeridylle mit neurotischen, seelisch und körperlich um sich schlagenden zufriedenheitsfetischisten. sie erklärte diese zwerge zu riesen, um sie dann als zwerge denunzieren zu können; ich-erzähler war ein achtjähriger intellektueller, dessen situation nur ausdruck dafür war, daß gisela elsner selbst diese mischung aus intimität und unbeteiligtsein lebte.

das war 1964, und ihr bitterböser blick war für publikum und literaturbetrieb so sonderbar, daß zum gegenstand einer gruppe-47-debatte denn weniger ihre texte wurden als vielmehr ihre familiäre situation und ihr aussehen. wenn gisela elsner anekdoten erzählt über dichterfrauen und gruppenklatsch, dann ist sie da wieder, diese mischung aus ekel und lautem lachen; ihre haltung vermittelt, daß es die figuren ihrer texte waren, die ihr da zuhörten.

die elsner las also, und alle wußten, wer gemeint war. man erschrak und applaudierte. gisela elsner wurde gedruckt.

als 1970 ihr »berührungsverbot« erschien, war die ergötzliche aussichtslosigkeit der scharf beobachtenden auseinandersetzung mit einem befreiungsversuch gewichen: es ging um die sexwelle. gisela elsner schildert die liberalisierung der umgangsformen in der sogenannten intimsphäre als den untauglichen versuch, alltäglichkeit und frustration durch nicht minder frustrierende exotik zu kompensieren. und wieder sind da diese kleingehaltenen großkotze mit ihren dummhysterischen hausfrauen; da sind die zeremonien des einanderbestärkens; da sind die hilflosigkeiten im umgang mit sich selbst. höhepunkt des romans ist die szene, in der ein per anzeige angefordertes tolerantes ehepaar die verschämten orgien der protagonisten geschäftig aufzupeppen versucht und dafür den gerechten kleinbürgerzorn erntet. gisela elsner übergibt diese figuren dem konsumenten, der endlich über die konvention lacht und nicht über den versuch, sie zu durchbrechen. immer wieder wird der leser daran gehindert, über die schrecken dieser bitteren komödie hinwegzulesen; gegenstand sind die sozialen bedingungen des beschriebenen, nicht die sonst als lächerlich angesehenen bemühungen der figuren, ihr privatleben durch soetwas wie öffentlichkeit voreinander zu retten.

im 1977 erschienenen »punktsieg« ist von der absurdität menschlicher beziehungen der beruf des protagonisten geblieben – er ist unterwäschenfabrikant. vorgeführt wird der soziale unternehmer, eine art einbahnstraße in zwei richtungen. mechtel, der held, leidet unsäglich unter jeder seiner beruflichen maßnahmen, ohne die er ja allerdings nicht überleben könnte. um dem betrieb vergnügen abzugewinnen, gibt es diverse betriebsvergnügungen. um dem betrieb profit abzugewinnen, gibt es diverse entlassungen der vergnügten. die sprache des romans ist hier deshalb satirisch, weil sie in heiligem ernst mitzumachen trachtet, was ausgesprochen längst widerlegt ist. dadurch, daß gisela elsners sprache das geschehen jetzt ständig gegen den strich bürstet, wird die reine beobachtung der vorherigen romane als der leerlauf des leerlaufs gezeigt. die gewohnte verschachtelung auch der kleinsten und unwichtigsten information mit deren scheinbaren distanzierung, mit ihrer bewertung und kommentierung zeigt jetzt die folgenschwere von gedankenlos gelebtem, scheinbar sozialem verhalten. noch immer gibt es keine entwicklung von handlung oder personen.

in diesem frühjahr nun veröffentlichte gisela elsner »die zerreißprobe«. in ihr finden sich ein selbstnachruf aus der anthologie »vorletzte worte« von 1970, fünf neue und die erzählungen aus ihrem autorenedition-band von 1973. hier hatte gisela elsner zum ersten mal versucht, den satirischen blickwinkel zu verlassen und mit den plötzlich nicht mehr von selbst legitimierten stilmitteln den sozialen hintergrund der geschehnisse deutlicher zu fassen. in der »mieterhöhung« etwa geht es um den umzug eines rentnerehepaars, das vor sich selbst und den nachbarn verbergen will, daß es sich mit seinem umzug in eine neue wohnung verschlechtert. verblüffend ist die wirkung von ernst und nähe; an der sprache hat sich scheinbar nichts geändert. jetzt aber denunziert die genauigkeit der beobachtung die personen nicht mehr. noch immer ist die erzählhaltung kühl; neu ist, daß trotzdem verständnis für das noch immer als absurd gezeigte verhalten, hier den stolz des rentnerpaars, aufkommt.

wohl noch wichtiger für gisela elsner war die titelerzählung dieses damaligen bandes, »herr leiselheimer«, in der zum ersten mal die arbeitswelt zum gegenstand wird. durch die augen eines betriebsbesichtigenden unternehmerpaars gesehen wird eine porzellanfabrik zu dem, was sie ist: einem riesigen, menschenverschlingenden, völlig unsinnig organisierten produktionsapparat, dessen zweck nicht mehr wahrnehmbar und deshalb sogar von herrn leiselheimer, dem besitzer der fabrik, anscheinend völlig vergessen ist: der profit. schon hier klingt ein motiv an, das im »punktsieg« handlungsbestimmend sein wird: die unsinnige trennung in begaffte und gaffende, in arbeitende und von deren arbeit lebende. gisela elsner hat, bevor sie diese geschichte schrieb, unter anderen den betrieb des herrn rosenthal besichtigt, und irgendwo ist eben auch sie selbst die besichtigende frau wietgenstein, die sich am schluß der erzählung ans fließband setzt, um für eine stunde ihres lebens lohnarbeit zu leisten. daß gisela elsner diese erzählung zu schreiben, wie sie sagt, am schwersten von allen bisherigen gefallen ist, bezeichnet und erhellt die situation nicht nur der arbeiter, sondern auch die der schriftsteller hier.

in der titelerzählung ihres neuen bandes, »die zerreißprobe«, ist vom ersten satz an klar, daß zwischen gisela elsner und der namenlosen ich-erzählerin nicht endgültig zu trennen ist. daß gerade sie es ist, die eine in unserer literatur selten gewordene nähe zum eigenen gefühl beschreibt, macht die erzählung noch außergewöhnlicher. nicht wichtig ist, ob das geschehen stattgefunden hat; in jedem fall ist es so wirklich, daß gisela elsner die lust zu übertreibung und gag vergeht.

»anfangs hatte ich bei meiner rückkehr immer nur den eindruck, in meiner wohnung hätte sich irgendetwas verändert, obwohl ich hier allein lebe ... du hast dich eben getäuscht, sagte ich mir auch, als wieder einmal bei meiner rückkehr meine schreibtischlampe ausgeschaltet war«, die sie doch auch während ihrer abwesenheit immer brennen läßt. irgendwann beginnt sie, sich jeden tag mit datum vor dem weggehen aufzuschreiben: lampe brennt. »vier wochen später, rund gerechnet, schloß ich die wohnungstür auf, betrat die diele und stellte mit einem blick durch die offene tür meines arbeitszimmers fest, daß die schreibtischlampe von neuem ausgeschaltet worden war.«

was tut ein mensch angesichts einer so handfesten, so wenig nachweisbaren bedrohung? die ich-erzählerin spricht mit freunden und hausbewohnern und erfährt, daß in ihrer wohnung einmal terroristen gewohnt haben. sie geht zu einem anwalt und begreift, daß sie nichts tun kann. sie findet tabletten in ihrem bad, die ihr nicht gehören. sie entdeckt, daß ihre manuskripte gelesen und falsch wieder geordnet werden. sie findet die abstände der besuche immer genauer heraus und fragt sich, warum sie immer kürzer werden; ohnmacht, ratlosigkeit und angst bestimmen ihr verhalten. sie nimmt beruhigungstabletten, wird mißtrauisch gegenüber jedem, der ihr nicht glaubt. mit unglaublicher akribie zeichnet gisela elsner die wirkung einer verfolgung nach, deren nähe nicht zu entkommen ist. sie wird desto genauer in ihren beobachtungen, je massiver der angriff ist, je perfekter die besucher ihre aufenthalte zu verbergen wissen. sie macht skizzen von der lage ihrer manuskripte; plaziert kugelschreiber auf bestimmte buchstaben. sie gerät außer sich, wenn sie wieder da waren. sie macht sich klar, daß sie auch außer hauses überwacht werden muß, wenn die eindringlinge nicht überrascht werden wollen. sie beobachtet passanten, glaubt ihre beschatter zu erkennen. sie beginnt sich selbst zu beobachten. sie versucht, sich nicht selbst zu beobachten. sie bemüht sich, alles so zu tun, als werde sie nicht beobachtet. jede veränderung ihrer umwelt wird zum gegenstand ihrer überlegungen (»es konnte sich dabei um einen zufall handeln, es konnte sich dabei um keinen zufall handeln.«). immer kleinere geschehnisse erzeugen in ihr immer größere und absurdere reaktionen; so untersucht sie reißverschlüsse, küchenschrankschrauben und herdplatten nach wanzen. »das verhalten einer überwachten person ähnelt zeitweilig dem verhalten eines schmierenkomödianten, zeitweilig ähnelt es schlichtweg dem verhalten eines geistesgestörten.« gisela elsner hat es die sprache nicht verschlagen.

die erzählhaltung wird souverän, als sich die ich-erzählerin klarmacht, daß sie sich verhalten kann, wie sie will:

alles ist verdächtig, muß es sein. egal, was sie tut: es wird beweis einer schuld sein, deren gegenstand sie nicht kennt.

als peter o. chotjewitz' »herren des morgengrauens« erschienen, konstatierte gisela elsner die frappierende ähnlichkeit des fragments mit dem »prozeß« kafkas. ich kann mir vorstellen, daß allein die erinnerung an einen schriftsteller, der über einen schriftsteller schreibt, der über einen schriftsteller schreibt, daß also diese vorstellung einer schriftstellerin, die über eine schriftstellerin schreibt, ganz einfach witzig erscheint. beide texte – »herren …« und »zerreißprobe« – sind eben nicht mit dem »prozeß« vergleichbar: sie sind zu konkret.

das verhalten der ich-erzählerin lächerlich zu nennen, wäre denn auch zu einfach. »ich pflegte bei gesprächen in meiner wohnung, sobald von den durchsuchungen und der überwachung die rede war, meinen gästen beobachtungen, die ich für wesentlich hielt, bei lautgestellter musik ins ohr zu flüstern … manchmal vollführte ich lediglich, indem ich beide arme kreisförmig auf und nieder warf, eine die ganze wohnung umfassende bewegung, der ich allerdings ein achselzucken folgen ließ.« diese haltung wird, ähnlich den haltungen aller vorigen figuren der elsner, vorgeführt: sie wird zurückgeführt diesmal auf die ausweglose situation der handelnden.

den zähneklappernden einwurf ihrer freunde, ob man sich denn an ihre lage gewöhnen könne, beantwortet sie lakonisch: »man kann es durchaus. ja, man kann es sogar ohne nennenswerte schwierigkeiten. im lauf der zeit gewöhnt man sich daran.«

da die situation nicht verlassen werden kann, muß sie in die hand genommen werden. »man kann nicht monatelang in einer permanenten habachtstellung leben … es kostet einfach zuviel kraft, fortwährend sämtliche, oder, besser gesagt, möglichst viele vorgänge ringsum zu registrieren und zu interpretieren.« die erfahrung des staates, die erfahrung von abhängigkeit und menschenverfolgung hat die ich-erzählerin nicht kaputtgemacht.

gegen ende der erzählung gleitet gisela elsner ins präsens. die erfahrungen halten an. die protagonistin ist ihrer umwelt so wenig ausgeliefert wie noch keine elsner-figur vor ihr.

»vor ein paar tagen ist meine schreibtischlampe während meiner abwesenheit wieder einmal ausgeschaltet worden. und wieder einmal hat diese maßnahme ihre wirkung auf mich nicht verfehlt … das ganze geht nach wie vor folgendermaßen vonstatten: ich schließe die wohnungstür auf, … werfe … einen blick in mein arbeitszimmer und stelle … fest, daß die schreibtischlampe während meiner abwesenheit ausgeschaltet worden ist … ich sage mir noch einmal, daß sie also wieder da waren. und während ich mir dies sage, kommt eine ungeheure wut in mir auf. es ist eine wut, die mich nicht übermannt, die mich nicht mehr dazu bringt, außer rand und band zu geraten. vielmehr handelt es sich um eine wut, die eine ungemein heilsame, kräftigende wirkung hat. voller wut und dennoch die ruhe in person stehe ich auf und gehe den verrichtungen nach, die ich mir für diesen tag noch vorgenommen hatte.« gisela elsner macht ernst.

ÜBER EIN GEDICHT

mögliches vorwort zu einer neuen reihe in der dvz

ich habe mal einen anruf gekriegt von einem redakteur der »wahrheit« (das ist die zeitung hier in westberlin der kommunisten), und der sagte: wir machen grad ne seite zur wohnungsfrage, hast du nicht ein gedicht über zu hohe mieten? – als ich nicht hatte, sagte er: dann mach doch eins. – als ich das nicht sofort konnte, sagte er: brecht konnte sowas aber. – ich halte das für eine legende. aber die legende hält sich, und die gedichte sind entsprechend. die meisten gedichte, die die linken zeitungen so drucken, sind schrecklich ehrlich und furchtbar verantwortungsbewußt und klug und voller gutem willen – aber es sind keine gedichte (und weil es keine gedichte sind, überzeugen sie niemanden: brechts gedichte sind erfolgreich, weil es gedichte sind). was der redakteur da wollte, war auch gar kein gedicht. er wollte möglichst gute überzeugungsarbeit. aber die gedichtemacher sind nur ein teil der leute, die die welt verändern, und sie können nur bestimmte sachen. aber sie können eben auch sachen, die nur sie können. und wir können von einem gedichtemacher nicht verlangen, er solle so schreiben, daß ihn jeder arbeiter versteht: ein dichter kann nicht mit einem gedicht ändern, daß ein gedicht gelesen werden muß.

ich möchte in dieser reihe gedichte vorstellen und sagen, wie ich sie gelesen habe.

Der Friede trägt
Georg Maurer

Der Friede trägt den Fuchs, das Reh,
den Hasen und den Elefanten,
das bittre Meer, den süßen See,
den schneebedeckten Berggiganten.

Der Friede trägt den Neger, mich,
den Indianer, den Chinesen,
die Mutter und das Kind, das sich
beim Schreiben müht und Lesen,

trägt den Matrosen auf der See,
den Flieder in den Lüften,
den Urlauber im grünen Klee,
der Kraft saugt aus den lila Düften.

dieses gedicht benutzt alle mittel, die wir von einem gedicht erwarten: es hat einen ganz geraden rhythmus, seine zeilen reimen sich, es sind drei vierzeilige strophen (die einfachste form), und wenn wir jeder zeile einen buchstaben geben und gleichen reimen gleiche buchstaben, sieht das reimschema so aus: abab cdcd efef. das ist wie ein volkslied. die form ist nicht gebrochen durch eine störung; nur die antwortzeilen zwei und vier der strophen jeweils sind länger, als wir das nach den ersten erwarten. aber das gibt dem ganzen erst halt und gewicht, wir brauchen mehr puste beim lesen, der autor hält uns. – das gedicht erzählt vom frieden, der alles mögliche trägt. das meint wohl: wir sind hier, und wir sind es bei allem nebenbei eben durch den frieden. das gedicht ist ein gedicht aus der ddr. das gedicht zählt vor allem auf, was es alles in der welt gibt, und was also alles vom frieden getragen wird. ganz zwischendurch gibt es auch wieder ein Ich, das durch seinen platz zwischen negern und indianern und seinen letzten platz auf der zeile ein bißchen ironisiert wird und jedenfalls recht leicht genommen: erstmal ist da die welt (und die ist auch nicht so richtig schwer). das friedliche des inhalts setzt sich also fort in der form: es ist einfach, wir können den text auf einem spaziergang vor uns hin summen. es könnte das lied sein des urlaubers aus der vorletzten zeile, der im grünen klee spazieren geht und »kraft saugt aus lila düften«. und darunter nun mögen wir uns vorstellen, was uns nur vorzustellen geht. die richtung ist klar: metaphern für blut, tränen, gar für liebe können hier nicht sein: die welt ist friedlich. der lila duft, das kann eine blume sein, ein geruch von irgendwoher, das kann aber auch sein der umgang mit jemandem, das können andere menschen sein, die lila zu mir sind. irgendwoher kommt da die kraft, souverän zu sein gegenüber der vielen welt in diesem gedicht; irgendwoher kommt der friede, von dem das gedicht handelt. vergleichen sie gedichte aus der brd mit diesem hier und stellen sie fest: dies ist ein ddr-gedicht.

Du bist min, ich bin din
Unbekannter Dichter

Dû bist mîn, ich bin dîn:
des solt dû gewis sîn.
dû bist beslozzen
in mînem herzen:
verlorn ist das sluzzelîn:
dû muost och immer darinne sîn.

eines der frühesten gedichte unserer sprache, das wir kennen. ganz einfache worte: »du bist mein, ich bin dein.« was wir heute nur noch im schlager finden, hier ist es ganz geglückt und selbst für uns neu: einfachheit. der erste mensch, der mein und dein reimte, war ein genie; der zweite ein trottel. – wenn wir den rhythmus aufschreiben wollen, setzen wir für eine unbetonte silbe ein »da«, für eine betonte ein »dam«. die erste zeile sieht dann so aus: damdadam damdadam. die erste zeile gibt den rhythmus an. danach, um im Fluß zu bleiben, erwarten wir: damdadam dadamdadam. aber hier steht: damdadam dadamdam. so einfach ist das ganze vielleicht doch nicht, es wirkt nur so, und auch das nicht: es ist eindringlich und fast schwer, also jedenfalls nicht oberflächlich. »du bist beschlossen / in meinem herzen«: wie anders können wir das heute sagen? wir haben immer noch so wenig worte wie vor tausend jahren, und oft viel weniger schöne. das schöne hierdran ist, daß das unsagbare kein supergroßes oder gar unverständliches bild kriegt, sondern ein ganz kleines: in einem herzen beschlossen sein. die gewißheit, die in diesem bild liegt, wird dann noch scheinbar verstärkt: »verloren ist das schlüsselein: / du mußt immer darinnen sein.« – aber in dem verlorenen schlüssel liegt auch das, was wir kennen und wovor wir angst haben: das einseitige an beziehungen, die angst vor ihrem ende, und daß wir nicht gelassen sind. »du mußt«, sagt der dichter, »darinnen sein.«: das kann auch eine drohung werden. – und so erzählt das gedicht, das mit nur einem bild auskommt und einem fast geraden rhythmus und sehr wenig wörtern, so erzählt dieses gedicht sehr geschlossen und genau und in seiner sprache sehr haltbar von dem, von dem sehr viele gedichte handeln und wir selbst sehr oft: von liebe.

Freund, leb wohl
Sergej Jessenin

Freund, leb wohl. Mein Freund, auf Wiedersehen.
Unverlorner, ich vergesse nichts.
Vorbestimmt, so wars, du weißt, dies Gehen.
Da's so war: ein Wiedersehn versprichts.

Hand und Wort? Nein, laß – wozu noch reden?
Gräm dich nicht und werd mir nicht so fahl.
Sterben –, nun, ich weiß, das hat es schon gegeben;
doch: auch Leben gabs ja schon einmal.

es gibt gedichte, die überleben auch deshalb, weil wir von den umständen wissen, unter denen sie der autor gemacht hat. so lassen sich liebes- und andere geschichten in ganzen zyklen von ganzen dichterklicken nachweisen, und der brief, den rimbaud an verlaine schickte, als der abgereist war, gehört zu den schönsten liebesgedichten der weltliteratur. – dieses gedicht spricht von abschied. die celan-übersetzung zeigt leider nicht, daß die jeweils erste zeile der beiden strophen einfach nur lautet: »auf wiedersehn, mein freund, auf wiedersehn«. dazu sind dann die reime gefunden worden, und ein rhythmus ist auch drin im russischen. die abschiedsstimmung scheint tief und endgültig. sogar von vorsehung ist die rede, unter der alles passiert; und daß ein wiedersehn versprochen wird, scheint eher vom gegenteil zu zeugen. endgültiges gehen also, immerhin noch in verse gesetzt, es wird also mühe verwandt auf diesen abschied. wir werden aufgemuntert vom Ich (»mein freund«: das heißt, es gibt ein Ich). in dieser übersetzung in der vorletzten zeile kommt dann das wort »sterben«: das also der große abschied. es hat alles schonmal gegeben, sagt der autor danach. das klingt müde und sehr fertig. aber es ist kunstvoll vorgetragen; es reimt sich, wir könnten es singen (reinhold andert aus der ddr hat mit der ersten zeile ein lied gemacht, das abschied und hoffnung sehr schön mischt). ein recht endgültiges, ganz intimes gedicht also. es macht hoffnung nur durch seine einfachheit (die wie gesagt im russischen deutlicher ist), dadurch, daß es keine notiz ist oder nachricht, sondern eine letzte anstrengung, um schmerz auszudrücken: der schmerz wird so ganz zur mitteilung, zum ganz leichten und selbstverständlichen aufruf, es zu abschieden nicht kommen zu lassen. – dieses gedicht lag zuletzt auf dem tisch des hotelzimmers, in dem sich sergej jessenin 1925 erhängte.

Feldfrüchte
Kurt Tucholsky

Sinnend geh ich durch den Garten,
still gedeiht er hinterm Haus;
Suppenkräuter, hundert Arten,
Bauernblumen, bunter Strauß.
    Petersilie und Tomaten,
    eine Bohnengalerie,
    ganz besonders ist geraten
    der beliebte Sellerie.
Ja, und hier –? Ein kleines Wieschen?
Da wächst in der Erde leis
das bescheidene Radieschen:
            außen rot und innen weiß.

Sinnend geh ich durch den Garten
unsrer deutschen Politik;
Suppenkohl in allen Arten
im Kompost der Republik.
    Bonzen, Brillen, Gehberockte,
    Parlamentsroutinendreh …
Ja, und hier –? Die ganz verbockte
liebe gute SPD.
Hermann Müller, Hilferlieschen
blühn so harmlos, doof und leis
wie bescheidene Radieschen:
            außen rot und innen weiß.

1926

alles beginnt fast übertrieben gedichtig: der garten, das sinnen, etwas gedeiht, das liebliche »ja, und hier –?«: ein rechtes beschauliches beisammensein. das Ich ist heiter bis unbeschwert, das ganze vertonbar, und nur die pointe der ersten strophe läßt ein bißchen aufhorchen: »das bescheidene radieschen: / außen rot und innen weiß«. na, denken wir, tucholsky und die farben rot und weiß? da ist doch irgendwas im busche (oder, um im bild zu bleiben, im beete). und da folgt auch schon die auflösung: der garten ist der garten »unsrer deutschen politik«, mit kohl und unkraut und eben radieschen. »bonzen, brillen, gehberockte«: das ist die welt dieses gedichts, nicht ein wirklicher garten, und der gegenstand des gedichts ist eben dieses radieschen, die spd. – weill hat das gedicht vertont und die beiden jeweils letzten zeilen ganz ordinär gemacht, wie eine beschimpfung: »außen rot (ha! lächerlich!) und innen (na was schon?!): weiß!!!«. das gedicht könnte aber auch vorgetragen werden von einem verträumten jungen mann, der ein bißchen nachsichtig lächelnd durch die welt geht, oder eben von jemandem, der ein bißchen zickig ist und immer nach den gemeinheiten ausschau hält, nie gutes erwartend. oder der vortragende könnte die verse hacken, er könnte diese sehr sehr gerade, fast zu einfache form zu der doofheit dazurechnen, die das gedicht vorführt: dann wären inhalt und form gleichgenommen, das gedicht also ernst. interessant ist, daß tucholsky offenbar so sehr eine wirkung möchte, daß er sich nicht richtig auf das bild verläßt, das er benutzt. die zweite strophe nämlich sagt ja gar nichts neues, sie erklärt nur im selben reimschema und rhythmus das gedicht. tucholsky denkt wohl, die zuhörer hören nicht so genau hin; er nennt sogar beispiele für sein radieschen (wer um himmels willen ist hermann müller?). da ist kein großes vertrauen in das medium gedicht. aber wir wollen auch bloß feststellen, daß es gedichte mit allgemeineren mitteilungen einfacher haben, gedichte zu sein.

Der blaugrüne Wald
Le Xuan Thu

Blaugrün ist die Tarnung der Kanonen,
Blaugrün ist des Soldaten Kleid.
Blaugrün sind die Stellungen der Flak,
Blaugrün die Gärten, kühl und frisch.
Dies ist die Farbe, die mein Herz erfreut.
Der Yankee-Räuber kommt hierher
Und meint er sei im tiefen Wald.
Doch plötzlich krachen die Geschütze: »Wumm!«
Raketengleich zerplatzt der Räuber,
Und ringsum in dem bläulichgrünen Wald
Lacht es.

gedichte können uns ändern. sie ändern uns, indem sie uns so vom zustand des verfassers in kenntnis setzen, daß wir nicht mehr anders können als ihm zu glauben, als mit ihm zu sein. dafür ein möglicher trick ist, das gewohnte in ungewohnten zusammenhang zu stellen und uns so zu ungewohntem zu bringen. wald zum beispiel ist für uns doch etwas friedliches, stilles, in dem wir aufmerksam sind. das ist der wald auch für diesen vietnamesischen dichter, der vor fünfzehn jahren aufschrieb, was er so im wald erlebt. blaugrün leuchtet uns denn auch ein, wir erinnern die vielen grüns des waldes, das frohe an einem spaziergang durch ihn. hier aber sind es seltsame dinge, die da blaugrün sind: kanonen, soldaten, flak. dann wieder blaugrün die gärten, da sind sachen zusammen, die wir nicht zusammen erleben. »dies ist die farbe, die mein herz erfreut«: interessant, vielleicht furchtbar, aber einleuchtend: zuerst war ja von tarnung die rede, und tarnung gehört wohl in diesen wald, wozu das gut ist, zeigen die beiden nächsten zeilen vom »räuber«, der kommt. »doch plötzlich krachen die geschütze: ›wumm!‹« – die sind nicht auf uns gerichtet, auf uns leser, auf den autor; die wären sonst gefährlicher, wir würden sonst mitsterben. nein: wir sind es, die schießen, wir schießen auf den räuber und machen dazu noch mit dem mund ein geräusch, das krachen imitiert. das scheint nicht sehr ernst. und auch der zerplatzende ist nur ein räuber, kein mensch, und daß er zerplatzt wie eine rakete, ist ein schauspiel, wir gucken und sehen nur unseren sieg. »und ringsum in dem bläulichgrünen wald / lacht es.« wir sind nicht allein. – ungewöhnliche wertungen, einsichtige wertungen, schlimme zeiten. wir müssen uns entscheiden, und wir entscheiden uns für diesen dichter. das ist nicht einfach, das ist möglich, das ist freudig möglich, das ist große poesie, das ist krieg.

Der Schneider von Ulm (Ulm 1592)
Bertolt Brecht

Bischof, ich kann fliegen
Sagte der Schneider zum Bischof.
Paß auf, wie ich's mach!
Und er stieg mit so'nen Dingen
die aussahn wie Schwingen
Auf das große, große Kirchendach.

Der Bischof ging weiter.
Das sind lauter so Lügen
Der Mensch ist kein Vogel
Es wird nie ein Mensch fliegen
Sagte der Bischof vom Schneider.

Der Schneider ist verschieden
Sagten die Leute dem Bischof.
Es war eine Hatz.
Seine Flügel sind zerspellet
Und er liegt zerschellet
Auf dem harten, harten Kirchenplatz.

Die Glocken sollen läuten
Es waren nichts als Lügen
Der Mensch ist kein Vogel
Es wird nie ein Mensch fliegen
Sagte der Bischof den Leuten.

ein kinderlied, eins aus der zeit des faschismus bei uns. es beschreibt, wie jemand recht hat und unrecht auf lange zeit. gleich ganz zuerst die perspektive des schneiders: bischof, ich kann fliegen. – die einfachsten worte für die größten hoffnungen. wie groß die hoffnungen sind, zeigt die letzte zeile der ersten strophe, denn sie wird verlängert. ein grader rhythmus wäre: »auf das große kirchendach.« aber das wäre zu einfach. es heißt hier: »auf das große, große kirchendach.« da ist die schwere drin (daß es auch grad das kirchendach ist, dem himmel so nah und den träumen!). »der schneider ist verschieden«, sagten die, die keine hoffnung mehr haben, lakonisch. der bischof ist schon gleich weiter gegangen. und sie haben alle recht. der schneider stirbt, »er liegt zerschellet / auf dem harten, harten kirchenplatz.« die wiederholung des adjektivs an der wieder gleichen stelle in der zweiten strophe jetzt hat eine fast gehässige wirkung: das hat er nun davon. und die milde des bischofs, »die glocken sollen läuten«, macht die situation vollends widerwärtig. – das grauenhafte liegt im ganz einfachen, berichtenden ton des gedichts. jede zeile enthält eine mitteilung für sich, die nicht über diese zeile hinausgeht, wir lesen also einfach, der vorgang ist schnell und fast ruhig erzählt. sonst ist einfachheit immer leicht, hat etwas liedhaftes (darauf weist hier auch die teilung in strophe und refrain hin). aber die einfachheit macht hier, da die lösung des geschilderten so fern ist, ganz machtlos. kein versöhnliches ende. es wird, teilt uns das gedicht mit, auf dreihundert jahre kein versöhnliches ende geben. aber diese mitteilung kann das gedicht, das lied machen, weil die dreihundert jahre um sind: wir fliegen. wir sehen die zeit, die vergangen ist, und wissen, was gekommen ist, wir gucken aus der zukunft auf dieses gedicht und sehen: wir fliegen, ein paar von uns haben den faschismus besiegt, brecht hat überlebt, das ende ist noch immer unversöhnlich.

Die Nachtigall

Theodor Storm

Das macht, es hat die Nachtigall
Die ganze Nacht gesungen;
Da sind von ihrem süßen Schall,
Da sind in Hall und Widerhall
Die Rosen aufgesprungen.

Sie war doch sonst ein wildes Blut;
Nun geht sie tief in Sinnen,
Trägt in der Hand den Sommerhut
Und duldet still der Sonne Glut
Und weiß nicht, was beginnen.

Das macht, es hat die Nachtigall
Die ganze Nacht gesungen;
Da sind von ihrem süßen Schall,
Da sind in Hall und Widerhall
Die Rosen aufgesprungen.

ein perfektes gedicht, ein großer wurf. altes thema (liebe), alte bilder (nachtigall), geläufige wörter, die sich sehr deutlich reimen (schall, hall, -gall, fehlt bloß noch knall). die rosen dürfen nicht fehlen und das »süße« nicht und trotzdem: im ganz vertrauten, schon zu sehr vertrauten verdichtet sich tatsächlich eine stimmung, und sie wird an einem vorgang gezeigt, also begründet, und sie wird nicht übermächtig, sondern ein bißchen gebrochen und ironisch behandelt. – die häufung von bekanntem in der ersten strophe hat zur folge, daß wir den sinn der worte nicht mehr so verfolgen müssen; wir wissen ja schon, was kommt. so entsteht fast pur das ganze als laut: die nachtigall singt plötzlich in ihrem namen, auch die nacht hat gesungen, aber da ist das »u«, und das ist dunkel und schon vergangenheit; und bei schall wird es ganz hell und noch zweimal wiederholt, und da steht es auch schon: die rosen sind aufgegangen. gebrochen das ganze in der zweiten strophe: da sind die laute nicht mehr so wohlgeordnet, die zeilen fangen nicht mehr mit demselben buchstaben an, da ist verwirrung; das scheinbar so tiefe sinnen ist aber doch nur abstand, die verwunderung belustigt, und doch alles betroffen und luftig und durcheinander: »und weiß nicht, was beginnen«. laute und inhalt gehen ganz ineinander, jedes wort ist nicht nur mitteilung, sondern auch selbst ein kleines lautgedicht. und eh wir ganz mystisch werden und dem autor zu sehr glauben, läßt er uns die erste strophe nochmal lesen, und siehe, jetzt ist sie ganz heiter und ein bißchen überlegen lächelnd (aber freundlich). sie sagt: na mausis, nehmt's mal nicht so sehr ernst, was ihr da an nähe habt; und sicher, mit der nachtigall hat das alles wenig zu tun und mit der welt. aber da wir keinen namen haben für das was wir spüren, singen wir halt ein lied und genießen sie, die liebe.

Ich habe dich so lieb

Joachim Ringelnatz

Ich habe dich so lieb!
Ich würde dir ohne Bedenken
Eine Kachel aus meinem Ofen
Schenken.

Ich habe dir nichts getan.
Nun ist mir traurig zu Mut.
An den Hängen der Eisenbahn
Leuchtet der Ginster so gut.

Vorbei – verjährt –
Doch nimmer vergessen.
Ich reise.
Alles, was lange währt,
Ist leise.

Die Zeit entstellt
Alle Lebewesen.
Ein Hund bellt.
Er kann nicht lesen.
Er kann nicht schreiben.
Wir können nicht bleiben.

Ich lache.
Die Löcher sind die Hauptsache
An einem Sieb.
Ich habe dich so lieb.

alles so ein bißchen hingesagt. der reim in der ersten strophe scheint mehr zufällig; viel mühe wurde nicht auf ihn verwandt (oder sehr viel?). es ist alles unmittelbar, es klingt wie grad gesprochen und eben eingefallen, was ja auch seine reize hat. in der zweiten strophe dann verdichtet sich das ganze (dichtung ist verdichtung) zu richtigem rhythmus und richtigen reimen. aber gleich wieder vorbei. »nun ist mir traurig zumut«: das glauben wir dem Ich, denn es ist ein bißchen unentschieden über seine haltung: das ganze ist wohl gerade, also einverstanden, vielleicht fröhlich; aber die zeilen sind so unterschiedlich kurz und unentschieden, und der inhalt macht ein bißchen wehmütig. »ich habe dir nichts getan«: das heißt ja, der andere hat was getan.

»alles, was lange währt, / ist leise«, wie dieses gedicht auch und wie die ganze stimmung hier.

ganz philosophisch ist dem autor geworden, aber er spricht mit unverstellter stimme, er redet zu uns, einfach und eindringlich und ein bißchen durcheinander. die reime sind seltsam (»ein hund bellt. / er kann nicht schreiben. / wir können nicht bleiben.«), fast komisch. und da kommt auch schon: »ich lache« – ein trauriges lachen. dann das seltsame »die löcher sind die hauptsache / an einem sieb«.

ist das nichtgesagte das wichtigste an gedichten? wie geht es dem autor wirklich? wie geht es uns? »ich habe dich so lieb«.

Der Knabe im Garten
René Schickele

Ich will meine bloßen Hände aneinander legen
und sie schwer versinken lassen,
da es Abend wird, als wären sie Geliebte.
Maiglocken läuten in der Dämmerung,
und weiße Düfteschleier senken sich auf uns,
die wir eng beieinander unsern Blumen lauschen.

Durch den letzten Glanz des Tages leuchten Tulpen,
die Syringen quellen aus den Büschen,
eine helle Rose schmilzt am Boden …
Wir alle sind einander gut.
Draußen durch die blaue Nacht
hören wir gedämpft die Stunden schlagen.

bei manchem gedicht müssen wir erst herausfinden, um was denn hier die schönen worte gemacht werden. die schönen worte selbst können wir auch so genießen, ein gutes bild steht auch für sich: aber wissen täten wir schon gern, wovon denn die rede ist. ein gedicht über blumen muß nicht etwas über blumen sagen, oder nur nebenbei. ein gedicht ist ein bild für etwas, ein schönes bild hoffentlich, aber ein bild, das entschlüsselt sein will. die schöne arbeit des entschlüsselns geht oft gleich während des lesens, oft müssen wir selbst in einer ähnlichen situation sein oder grad entgegengesetzt, damit wir verstehen. und manchmal sind die bilder, die ein gedicht verwendet, auch nur ein trick, das zu sagen, was unsagbar ist. so lesen wir heute viele gedichte, die unter verhältnissen entstanden, in denen offene worte nicht möglich waren oder sind. ich glaube, daß dieses gedicht zu ihnen gehört. es hat mich lange fasziniert, ohne daß ich wußte warum. ich habe es gelesen und mich gefragt, warum ich es schön finde. ich bin nicht darauf gekommen. ich habe es wiedergefunden und wieder gelesen, bis ich plötzlich dann wußte, wovon es handelt: es steht ja im titel. die bloßen hände beieinander wie geliebte? na klar doch.

das sichversenken, das dazu gehört, sich selbst zu lieben. »unsern blumen lauschen«: eine etwas verschämte, eine männliche umschreibung dafür, einen orgasmus haben zu wollen. »eine helle rose schmilzt am boden«: das wars. die drei punkte danach sagen: geschafft, entspannung, stillsein. »wir alle sind einander gut«: die schöne ruhe, das kleine lächeln danach, über sich, die welt. das gedämpfte an dem ton, den wir hören. eine gelungene masturbation.

Franz Kafka

Und die Menschen gehn in Kleidern
schwankend auf dem Kies spazieren
unter diesem großen Himmel,
der von Hügeln in der Ferne
sich zu fernen Hügeln breitet.

dieses gedicht ist ein gedicht, weil es in jeder zeile aus vier trochäen besteht: humpta humpta humpta humpta. die zeilen reimen sich nicht, allerdings reimen sie sich auch nicht nicht: es gibt so einen klang, so eine verbindung zwischen kleidern und breitet, zwischen spazieren und himmel; auch die ferne klingt nicht daneben. aber daß da kein reim ist, läßt uns doch gleich gespannt sein, wie denn das nun ist mit der sehr geraden form des metrums und dem einfachen text, der da als gedicht ausgegeben wird durch die zeilenbrechung. auch scheint der text keinen anfang zu haben, er beginnt mit einem und. und er stellt etwas so selbstverständliches fest, in seiner ersten zeile, daß uns ganz unwohl wird: ja na gut, die menschen gehn in kleidern, und? warum schreibt er das auf? fast unheimlich, daß ihm das überhaupt einfällt. in der zweiten zeile wird das selbstverständliche auch gleich weniger selbstverständlich: schwankend gehn sie. – wieso auch sie? ist kafka kein mensch? der kies, der gibt bestimmt einen schönen und ruhigen klang, das ist vielleicht doch bloß ein spaziergang, na und da kommt auch schon das wort spazieren. unter diesem großen himmel: also diesem einen, den du kennst leser, dem da, du weißt schon. aber weiß ich wirklich? die menschen sind irgendwie nicht die, die ich kenne, jaja sie laufen in kleidern, aber trotzdem. und der himmel breitet sich (wie ein tuch, etwas über mir und über mich) von hügeln in der ferne zu fernen hügeln. – und hier ist das grauenhafte. hügel in der ferne machen schon so ein weites aber ungutes gefühl: ich kann da nicht hin, vielleicht sind die menschen da wirklich selbstverständlich, vielleicht fiele mir da nicht auf, daß sie in kleidern gehen; aber die hügel in der ferne werden noch übertroffen von den fernen hügeln. hügel in der ferne wären ja vielleicht noch zu erreichen. ferne hügel sind ganz fern. sie sind endgültig entfernt, endgültig für mich nicht zu erreichen. das ist das, was kafka macht: das unmögliche steigern zum völlig unmöglichen. und das völlig unmögliche ist nicht etwa das, was uns auffällt (wer das zu lesen glaubt, irrt). was uns auffällt, ist das widerwärtig selbstverständliche an dem großen unglück, von dem uns kafka erzählt. um die unmöglichkeit von glück zu beschreiben, muß man die unmöglichkeit erlebt haben. kafka hat mehr ausgehalten; er erlebte die völlige unmöglichkeit.

Der Konditor
Ursula Thalheim

Alfred hat Bauchschmerzen, sehr früh steht er auf
Der Teig wartet schon, luftig-locker.
Die Bleche schmutzig vom Regen.
Der Duft von frischem Kuchen –
Plötzlich Rauchschwaden, drohend finster
Gerald holt zu spät den Kuchen aus dem Ofen.
Wütend trampelt Alfred auf dem Teig herum.
Der neue Teig wartet schon – luftig, locker,
Der Duft von frischem Kuchen.
Fröhliche Kinderaugen blicken durch die
Schaufensterscheibe.
Fröhlich ißt das Kind den Kuchen.
Das Kind hat Bauchschmerzen!

in der volksstimme, magdeburg, ddr, erscheinen gedichte zu berufen. die konditorin ursula thalheim setzt sich hin und macht auch ein gedicht. es handelt von ihrem beruf, sie nimmt als ablauf einen kuchen; das backen des kuchens beginnt mit dem aufstehen des konditors. interessanterweise ist es ein mann; das ist der abstand, den man braucht, ein gedicht zu machen. die kollegen haben für ihn vorgearbeitet. der teig, der auf ihn wartet (hier wird der ausdruck ganz lebendig: der teig wartet wie ein mensch auf diesen alfred), dieser teig ist luftig-locker. fängt beides mit »l« an, ist also eine alliteration – so hat richard wagner ganze opern geschrieben. die spätere fügung ist nicht ganz so glücklich: daß rauch drohend-finster ist, paßt nicht so richtig auf ein mißgeschick, den verpaßten moment, wo der teig aus dem ofen muß. drohend-finster ist ein bißchen zu stark dafür. aber diese übertreibung wird auch sofort in komik umgewandelt: alfred trampelt auf dem teig herum. ob es diesen alfred wirklich gibt, diesen gerald? jedenfalls sehen wir sie vor uns. daß es ein vergleichsweise harmloses mißgeschick ist, das eben sehen wir auch am ungestörten happy-end: der kreis schließt sich, wieder wartet ein teig, wieder ist er luftig und locker. diesmal sind die beiden wörter nicht mehr zusammengezogen, das ist eine bedeutende veränderung. jedes einzelne beschreibt ein klein bißchen was anderes; der teig ist nicht nur luftig, er ist auch locker – das ist eine nochmalige erinnerung an diesen umstand. der duft von frischem kuchen: jetzt ist er ersehnt, und er ist da; na, eben ein happy-end. der erfolg meiner arbeit. die fröhlichen kinderaugen danach sind fast schon wieder ein bißchen viel; aber daß die kinder dann auch noch fröhlich essen, macht es wieder gut: gerade durch diese wiederholung ist dieses »fröhlich« ganz unbeschwert, ganz einfach da hin gesetzt und unbelastet von irgendwelchen absichten oder dichterischen finessen. gerade das doppelte »fröhlich« ist wirklich fröhlich. und der witzige schluß (ohne den das gedicht ein bißchen niedlich wäre, so harmlos) macht, das ganze mehr mit einem schulterzucken zu nehmen: so ist es eben, und so ist es gut. die bauchschmerzen sind nicht so schlimm, der verbrannte teig ist nicht so schlimm; wichtig sind die kinderaugen und der frische kuchen, wichtig ist dieser bestimmte duft, der ein erfolg ist meiner arbeit. – ein schönes gedicht, fast nicht zu glauben, daß die welt so einfach ist. offenbar ist sie es aber doch, manchmal, wenn einer so ein gedicht schreibt.

Sarah Kirsch

Ich reiche dir vom Fuß bis an den Scheitel
Meine Taille ist von der Streckung lang, was ich sage
Vermessen: »immer« und »nie«, »niemals«.
Die abgedroschenen süßen Sätze!
Von denen ich nach Nimmermehr schau.

mit ein, zwei umstellungen kann man dieses gedicht ganz langwellig machen; die erste zeile scheint es schon zu sein, sie geht: ta humpta humpta humpta humpta humpta. wenn diese zeile ein schüler vor der klasse aufsagen soll, sieht man ihn schon, wie er da steht, die hände hinterm rücken, die augen nach oben gedreht, er leiert. nur: die nächsten zeilen sind schon gar nicht so. beim lautlesen merkt man das. ein bißchen geändert heißen sie aber: und meine taille ist von streckung lang / und was ich sag vermessen: immer, nie / niemals. die abgedroschnen süßen sätze! / von denen ich nach nimmermehr doch schau. – so könnte das auch heißen. es wären dann in jeder zeile ganz gleichmäßig fünf hebungen, der schüler könnte weiter leiern. aber weil der schüler die erste zeile schon geleiert hat, haben wir sie noch im ohr, wir hören noch diesen graden rhythmus mit, den ich hierhin gehunzt habe. die zweite zeile ist so sehr gegen diesen geraden rhythmus, sie spricht so dagegen – das hat nichts mit prosa zu tun. es ist ein ganz geformtes sprechen, nur eben nicht mit, sondern gegen die erste zeile. so ist zum beispiel die letzte silbe der dritten zeile ganz betont: niemals; kirsch muß da gar kein ausrufezeichen schreiben, es ist drin in dem wort, in dieser zeile. genauso schreibt sie: die abgedroschenen; in »meiner« fassung hieß das: abgedroschnen, damit es hinkam. es kommt aber nicht hin, diese eine silbe verzögert eben. das ist dichtung. laut lesen müssen wir, auch wenn wir es leise tun, wir müssen jedes wort, jede silbe so nehmen, als sei sie unentbehrlich. sarah kirsch geht über einfache gedichte hinaus; sie verfremdet nicht nur die sprache mit hilfe des rhythmus; sie verfremdet schon wieder die erwartung von regelmäßigem rhythmus, sie bricht das einfache und macht uns noch genauer hinhören. der rhythmus wird also nicht freier im sinne von: er geht weg. er wird viel genauer. dieses freierwerden hat nichts zu tun mit faulheit (was moderner lyrik manchmal vorgeworfen wird), sondern mit kompliziertheit. »meine« variante des gedichts wäre eben schlechter, sie wäre glatter, unachtsamer, es ist eben alles nicht so einfach mit den beiden aus dem gedicht. und weil es alles andere als einfach ist, hat sarah kirsch in der zweiten drucklegung des gedichts auch noch eine silbe gekürzt: ich reich dir vom fuß bis an den scheitel. – die dritte silbe war ihr noch zuviel. schon das war ihr noch zu glatt. – so kompliziert, so brüchig ist die liebe. oje.

ÜBER DAS SONETT

die sängerin die singt hat vorher gelernt. sie denkt sich die arie nicht aus. jemand anders hat die arie gemacht. der sie gemacht hat, hat sie sich auch nicht einfach ausgedacht. erst hat er, sagen wir, die wörter gemacht, dann das fagott gesetzt, dann stimme. er hat vielleicht von hinten geschrieben, vielleicht kann er keine noten und hat diktiert. vielleicht hat er am klavier gesessen, vielleicht beim komponieren musik gehört (gibt es). jedenfalls: es ging durcheinander mit ihm, die arie wurde nicht von links oben nach rechts unten einfach aufgeschrieben. wenn ich sonette lese, denke ich manchmal: daß der das so hinkriegt!, weil ich es selbst oft vergesse. kunst ist immer gebaut: sie ist merkwürdig gemischt aus gewolltem und gemachtem. das gemachte kommt mit augen zu. das gewollte dauert länger.

alles findet in vierzehn zeilen statt. das ist ein sonett. erst vier zeilen mit vorgeschriebenem reimschema und vorgeschriebenen hebungen, dann vier zeilen mit vorgeschriebenem reimschema und vorgeschriebenen hebungen, dann drei zeilen mit vorgeschriebenem reimschema und vorgeschriebenen hebungen, dann drei zeilen mit vorgeschriebenem reimschema und vorgeschriebenen hebungen. die beiden quartette stellen den gegenstand vor, das erste terzett antwortet den quartetten, das zweite terzett faßt zusammen; sehr philosophisch.

ein sonett kann alles, übrigens. vierzehn zeilen haben bisher genügt, die welt darin zu zeigen. vierzehn zeilen, das bedeutet: hier gibt es etwas, das hat welt.

es gibt abarten, viele abarten. bedauerlicherweise hat sich im deutschen nie ganz durchsetzen können, die erste, vierte, fünfte und achte zeile mit dem selben reim enden zu lassen; auch die zweite, dritte, sechste und siebente zeile endet bei faulen nicht im selben reim. wenn ein sonett bedeutet, daß es die welt schön macht, dann ist also alles in ihm schön. also kann alles schön sein; ein beruhigender gedanke. könnte nicht sein, die fehlende zucht machte das sonett so wenig beliebt? könnte nicht sein, die strenge zöge dichter an, waltete sie uneingeschränkt?

strenge im sonett – es ist so schrecklich selbstverständlich – ist die strenge des sonetts. es ist nicht die labbrige schmähung des einen sonettisten gegen den andern sonettisten. strenge nicht für ein sonett; strenge für das sonett.

die große form erfordert größe der gedanken. nichtige bemerkung entlarvt sich hier ganz; das kleine hält den großen atem nicht. der große atem, das ist: vergnügt die kinder, nicht nur die partei: fünf hebungen, reimfähige endung, großer gedanke. oh sehr großer dichter, der ausspricht, was zu denken wir nicht taten.

vergnügt die kinder, nicht nur die partei.
das spiel nicht spiel, die wirklichkeit nur rand
am ahmenswerten; sie ist was uns band.
wir essen leben und ein bißchen brei.

der berühmte satz, nach auschwitz werde es endlich wieder vernünftige gedichte geben, sagt nichts anderes, als daß diese glückliche art des sehens und sagens – die poetische, die des sonetts – auch welt macht; welt selber macht. der gut aussehende ludwig wittgenstein ist jedesmal in tränen ausgebrochen, wenn er daran dachte, daß er niemals herausfinden könne, was denn nun für seinen auf andere art ebenfalls gut aussehenden geliebten die welt bedeute. seine art zu sehen und zu sagen – so wenig übersichtlich sie zu sein scheint – war seine art zu sehen und zu sagen; die des sonetts ist ihre.

wir lachen übers leben, was es sei.
das spiel ist spiel; der sprung kommt aus dem stand.
wir finden alles was man noch nicht fand
und ein gelaßnes murmeln gibts dabei.

alles hat sich bisher ins sonett gefügt, alles fügt sich unters sonett, alles wird in zukunft das sonett bilden; so wie eine figur gebildet wird, fast unabsichtlich. wir kommen nicht an ihm vorbei. man kann das sonett feiern, man kann regeln aufstellen über es, man kann es ablehnen, man kann es verstümmeln, man kann gerüchte verbreiten über es; auch kann man es schreiben; aber man kann es nicht abschaffen. eines der dinge die uns bleiben ist unsere art des sehens und sagens; zu ihr gehört das sonett.

aber warum denn nun vierzehn zeilen? warum nicht dreizehn, fünfzehn, warum überhaupt zeilen? irgendwer findet hebungen und senkungen langweilig; irgendwer, wenn er versucht ganz frei zu sprechen im gedicht, klappert immer; da zwischen geht es. das ist die krise. jeder fragt sich alles. nun sind krisen immer ein bißchen langweilig: man ahnt, es läuft auf etwas hinaus, das mit dem vorigen zusammen hängt, und weiß, es wird doch wieder nur zurück zu führen sein; die welt bleibt die sie ist und die krise war nur ein pups.

also eine ganz andere art, ja? mal so richtig unsonettig sein, wer wünschte sich das nicht. da kommen dann die päpste. also, kommt dann der eine papst, entweder der englische weg oder der italienische (englischer weg: drei quartette und ein paar; italienischer: zwei quartette und zwei trios). also, kommt dann der andere papst, wer nicht für sonette ist, ist gegen sie (aber kann man für sonette sein oder gegen? kann man für die welt sein oder gegen? kann man überhaupt von jemandem annehmen, er sei gegen die welt? sollten sonettschreiber einander dermaßen bekriegen?).

im schatten einer bombe spielt man nicht?
der ernst der sache tut uns nicht nur gut.
und sind wir nur, was man an uns bespricht?

da ist dann die sache mit dem urteil. urteil ist, wenn einer den andern nicht gelten läßt. urteil ist, wenn einer über den andern sagt: der macht ja gar keine sonette. das bisher teilweise abgedruckte sonett zettbeh hat nur männliche endungen (männliche ist die betonte, kräftige endung – wie im leben). die endungen sind aber verteilt und fest gelegt. also ist es kein sonett. da ist dann die sache mit dem urteil. ha! grundsatzartikel werden geschrieben und beispiele genannt und schmähungen ausgerufen (alles siehe oben); das ändert nichts am sonett. ich will gar nicht von paul heyse anfangen, der den nobelpreis gekriegt hat. aber paul heyse ist nur ein beispiel für die vielen, die sich im recht wußten. auch paule hat ja nun schon die schote gebracht mit den überraschenderweise fünf hebungen und den wirklich vierzehn zeilen; und was hat es ihm genützt? armer paul.

nun ist das problem mit paul heyse: er hat recht. ja, das sonett besteht aus vierzehn zeilen und den fünf hebungen in jeder von ihnen. wie oft müssen wir uns das noch anhören? um vieles intressanter ist doch: warum gibt es sonette, die gut sind, und solche, die es nicht sind. genauer: warum gibt es sonette, die ronald m. schernikau gefallen und solche, die es nicht tun? name streichen und eigenen einsetzen.

warum gibt es natursonette nicht so oft wie sonette über schier tiefgründiges? ist das tiefgründige die natur? steckt da irgendwas im sonett als sonett? macht es etwas tiefgründiges? darüber haben wir uns noch gar nicht unterhalten. aber nein, wenn irgendwer von den sonettemachern oder sonettelesern sowas fragt, heißt es gleich: sonett ist, wenn es vierzehn zeilen undsoweiter – und sie haben recht!

dabei sind sonette nicht langweilig! sonette sind das aufregendste überhaupt. und wenn man das erstmal raus hat, kommen natürlich die unvermeidlichen sonettegegner und sagen: ach det hat ja wieder diese vierzehn zeilen und die undsoweiter – und sie haben nicht recht.

bringen sie mal einem sarottimohr bei, daß es bei uns weniger kalt ist als am südpol. geht nicht. so ist das mit den gegnern des sonetts. sie können ihnen die weite vielfalt zeigen am sonett: sie sehen die vierzehn zeilen und winken ab. sonett, da muß ich ja dieses blöde reimschema einhalten.

es gibt im norddeutschen rundfunk jeden tag einen wettbewerb: von null auf jesus in zehn sekunden, wer schafft weniger. das ist die morgenandacht. ähnlich besagte sonettegegner: von null auf ablehnung in zehn sekunden. bloß schnell was ablehnen, was funktioniert (die welt, das sonett). wie behalte ich in zehn sekunden das, was ich schon kenne? wie lerne ich, die erweiterung von möglichkeiten als eine einschränkung zu erleben; wie schnell, wie effektiv? (womit wir endgültig bei den grundfragen wären. aber nicht mit mir.)

mit den gegnern ist es wie mit den rünstigen verteidigern: das sonett gibt es sowieso. ein sonett zu machen, werden wir uns immer bemühn. also.

vergnügt die kinder, nicht nur die partei.
das spiel nicht spiel, die wirklichkeit nur rand
am ahmenswerten; sie ist was uns band.
wir essen leben und ein bißchen brei.

wir lachen übers leben, was es sei.
das spiel ist spiel; der sprung kommt aus dem stand;
wir finden alles was man noch nicht fand
und ein gelaßnes murmeln gibts dabei.

im schatten einer bombe spielt man nicht?
der ernst der sache tut uns nicht nur gut.
und sind wir nur, was man an uns bespricht?
der ernst der sache, weißt du, macht nicht mut.
das flackern an der kerze gibt das licht.
und über uns bricht, gleich!, paß auf!, die flut.

und urteile sind nicht endgültig; sie sind es einfach nicht. was heute als sonett gilt, ist morgen politik; was heute politik ist, ist morgen schon vergessen, so wie man die forderungen von gestern einfach vergißt: sie sind ja erfüllt. was heute noch nach gegensatz klingt, wird morgen in den büchern sein und vereint; was heute noch sonett ist, wird morgen schon kinderlied sein.

und in den sonetten ist der blick auf uns, jetzt schon, ein historischer.

Provinz ist wo man glaubt
man ist Provinz

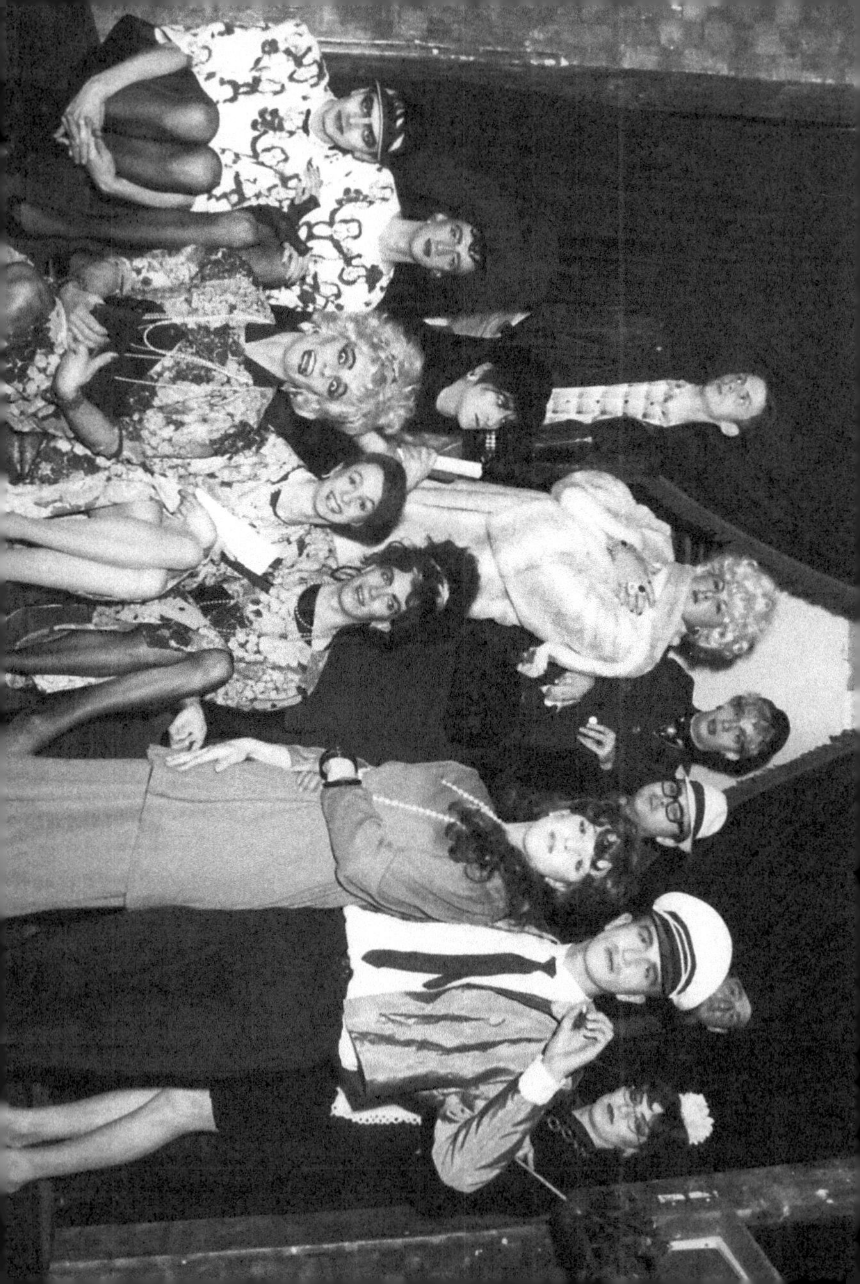

ZWEIUNDZWANZIGTAUSEND

ich war am 9. mai einer der 22000 leute in der waldbühne. ich möchte ein paar beobachtungen mitteilen und darüber diskutieren. ich hatte in der dvz über dortmund gelesen und mir den artikel ausgeschnitten und mir vorgestellt, wie hanna schygulla lili marlen singt und fand es toll. ich bin mit großer erwartung in die waldbühne gegangen, will ich damit sagen, und ich habe mich aber nicht wohl gefühlt.

ich bin mit meinem freund dagewesen, und ich bin auch unter leuten mit ihm sehr zärtlich, und hinter uns fingen leute, unabhängig voneinander aber einander aufstachelnd, an, witze über uns zu machen. sie saßen und lachten dreckig, bis eine frau – es war wohl begütigend gemeint – sagte: »laßt nur, es ist ja jetzt legal.« als sie allerdings weiter angetrunken war, sagte sie: »ekelhaft ist es ja doch.«

ich weiß, sone leute gibt es immer. wir versuchten also, das ganze zu ignorieren.

ich hatte mich vor allem auf ilja richter gefreut. ich finde es toll, daß jemand aus einem völlig anderen zusammenhang bei einem friedensfest mitmacht. ich kann mir vorstellen, daß es für richter nicht einfach war, sich dazu zu entschließen. ich war gespannt, was er sagen würde.

er sagte erstmal gar nichts. er kam auf die bühne, und er wurde von zweiundzwanzigtausend menschen beiderlei geschlechts ausgepfiffen.

es ist mir immer noch peinlich, das aufzuschreiben. ich schäme mich für jeden der zweiundzwanzigtausend unendlich. ich weiß nicht, wie ich ilja richter oder einem andern das erklären sollte. ich habe keine ahnung, warum diese zumeist jungen leute (ich selbst bin 21) nicht wenigstens anstand oder höflichkeit genug haben, die außergewöhnlichkeit dieses auftritts zu würdigen.

hier wird wohl von seiten der alternativlinge ein kulturbegriff herhalten müssen, der discosendungen im fernsehn und schlager für unrettbar reaktionär hält. sollte das so sein, finde ich diesen kulturbegriff absurd. das ungeheure sichsehnen nach glück, das in jeder noch so dummen disconummer enthalten ist, sollte grund genug sein, mit den beteiligten (die übrigens ja auch ihre eigenen konsumenten sind) die sachen konkreter, phantasievoller und realistischer zu machen. wo sie selbst uns erreichen wollen, sollten wir eine ihrer platten auflegen, uns nochmal fragen was mit uns dabei passiert und ihnen dann die hand geben. und wir sollten glücklich sein, daß wir mit der friedensbewegung auch menschen erreichen, die süverkrüp nicht länger als zehn minuten aushalten (wie mich). wie gesagt, ich schäme mich für die zweiundzwanzigtausend. und ich möchte darüber diskutieren.

darf eine demokratische bewegung massenkultur ausschließen, weil sie (noch) nicht unseren auffassungen entspricht? die leute mit den plattenverträgen werden wir jetzt nicht mehr so leicht nach bonn kriegen für die nächste demo. und das ist nicht schade oder nicht zu ändern. es ist selbstmörderisch.

ROMY SCHNEIDER

in dem wunderschönen film tausend lieder ohne ton spielt romy schneider in einer ein-satz-rolle die konkurrentin von eva matthes: sie verläßt die wohnung des mannes, als eva kommt, und wir sehn sie reingehn, und romy knallt ihr eine und sagt ganz ruhig und gelassen und ein bißchen lächelnd und ganz souverän in der arbeit: heut war doch ich dran.

sie war toll in so was. die hälfte der filme mit ihr sind b-filme, aber ich konnte sie ansehn ihretwegen.

ein regisseur hat mir mal erzählt, sie hätte mit ihm gegessen irgendwie und sie hätten über die neuen deutschen filmemacher gesprochen, und schneider hätte gesagt: kann man denn bei denen spielen?, im sinne von: sind die denn gut, geht denn das, darf man das?

das land ist voll von leuten, die die absurdesten gedanken voller ernst, in innerer tragik und äußerer komik durchleben. die schauspielermemoiren erzählen von sichausleben auf der bühne und gefühle zeigen da und zukurzkommen.

ihre sache ist zu sehn im visconti-ludwig 2, als sie wieder sissi spielt und den spiegelsaal von neuschwanstein betritt zum erstenmal und sich umschaut und langsam, ganz langsam anfängt zu lachen. sie dreht sich um sich selbst und die kamera geht um sie rum und sie lacht endlich und lacht.

sie hat die sternklage mitgemacht damals und den krefelder appell unterschrieben, und sie hat dem stern noch interviews gegeben (würd ich auch) und generalsekretär breschnew einen offenen brief geschrieben, mit anderen zusammen.

sie hat vor ein paar monaten in der parisbar gesessen hier in westberlin, und die leute erzählten es einander. sie hätte andere, neuere menschen kennenlernen müssen.

DAS THEATER IST DIE QUELLE UND DER FILM DIE FONTÄNE

Cox Habbema, Schauspielerin, DDR. Ein Porträt

Am Telefon fragt sie: »Wie haben Sie mich denn aufgetrieben?« Später zeige ich ihr die Starpostkarte, die ich vor zehn Jahren mit ihrem Bild gekauft habe. Zu sehen ist sie in bundesdeutschen Kinos gerade in zwei Filmen, in »Die Beunruhigung« und in »Die Stille um Christine M.«. Das eine ist ein DDR-Film, das andere ein niederländischer. Es handelt sich um die Niederländerin Cox Habbema, Schauspielerin, DDR.

Ich habe in Amsterdam mit dem Schauspielern und dem »Regielernen« auf der Schauspielschule begonnen und 1967 den Abschluß gemacht. Die Schule schenkte uns eine zehntägige Studienreise. Ich hatte im Fernsehen den Ekkehard Schall mit dem Hitler-Monolog aus dem »Arturo Ui« von Brecht gesehen und war sehr neugierig geworden. Da habe ich meine Gruppe aufgestachelt und gesagt: Hinter die Mauer, da traut sich sowieso keiner alleene (an dieser Stelle berlinert sie!), also laßt uns dahin gehen. Dann kriegten wir aber kein Geld, weil es die DDR damals nicht gab, das war ja vor der Anerkennung.

Also haben wir uns selber Geld verdient und sind dann doch hingefahren. In Berlin sah ich u. a. auch zwei Vorstellungen von Benno Besson. Ich war hingerissen und außerordentlich erschüttert darüber, daß ich noch nie von Benno Besson gehört hatte.

In der »Schönen Helena« (Hacks/Offenbach/Besson) gibt es diesen ersten Auftritt der Helena. Erst kommen Pferdchen auf die Bühne, dann noch mehr galoppierende Damen, und dann kam der Dieter Franke mit einer Perle in seinem dicken Bauch, also ein Auftritt nach dem andern, und das dauerte und dauerte und dauerte. Und dann kam eine Sänfte, darauf saß eine dicke geputzte Frau, und man wußte, das ist sie nicht. Dann öffnete diese Frau den Mund, es erklang eine phantastische Stimme, und man wußte, das muß sie sein. Sie stieg aus der Sänfte, und vor unseren Augen verwandelte sich diese dicke geputzte Frau in die »Schöne Helena«, die sie blieb, bis der letzte Vorhang fiel. Elsa Grube-Deister. Es war die schönste Helena, die ich je sah. Da dachte ich: Wenn das Verfremdung ist, dann will ich das lernen.

In ihren nächsten Ferien hospitiert sie bei Besson, macht ansonsten Tourneetheater in Holland.

Ich hatte schon einen Vertrag als Schauspielerin in Holland, und kurz vor Weihnachten fiel eine Premiere aus, weil die Hauptrolle mittendrin, mit zwei Kindern und verheiratet, entdeckte, daß er schwul war, was ihn sehr verwirrte. Er ist aber später noch sehr schön schwul geworden. Da habe ich sofort den Besson angerufen, was damals noch nicht so einfach war, und habe ihn gefragt, was er macht. Er sagte, daß er in drei Tagen mit »Don Juan« von Moliere anfinge. Und daß er sich freuen würde, wenn ich käme, weil ich französisch spräche – besser als deutsch damals. Ich bin gleich hingereist, habe mich angemeldet für zwei Jahre und gesagt: Da kann ich was lernen, was ich woanders nicht kriege.

Cox Habbema lebt seit sechzehn Jahren in der DDR. Sie lernt während der Arbeit am Deutschen Theater den Schauspieler Eberhard Esche kennen, dreht mit ihm einen Märchenfilm und heiratet ihn. Esche und Habbema lächeln sich in dem Film außerordentlich wunderbar an. Es gibt diesen Film noch manchmal in den Kinderprogrammen zu sehen, er heißt: »Wie heiratet man einen König?«

Meine Eltern waren entsetzt. Sie waren entsetzt über den Fakt, daß ich einen Deutschen haben wollte, viel mehr über den Deutschen als über den Kommunisten. Wissen Sie, wir sind unser Leben lang wirklich mit den Augen zu durch Deutschland in unseren Urlaub gefahren. Und die Informationen über die DDR – in dem Punkt erkläre ich hiermit feierlich die DDR für mitschuldig. Sie wissen so wenig über den Westen, daß sie schlecht aufklären. Aber man muß doch, wenn man den Feind bekämpft, wenigstens so viel wissen, daß man weiß, wo man ansetzt. Das ist nicht nur beim Bekämpfen so, sondern auch beim Verführen. Wie dem auch sei, das war vor 16 Jahren – inzwischen sind meine Eltern oft in Ost-Berlin gewesen.

Sie spielt am Deutschen Theater in Berlin und arbeitet mit verschiedenen Film- und Fernsehregisseuren. Eine ihrer großen Rollen ist die Titelrolle in dem Film »Die unverbesserliche Barbara«, Regie Lothar Warneke.

Das ist eine Sportlerin, die Erfolg gekannt hat und die, als der Körper nicht mehr so mitmacht, die Wahl hat, einen Drückeposten, wie sie sagt, als Sportlehrerin oder so was zu nehmen, oder noch mal neu anzufangen. Sie entscheidet sich für den neuen Anfang. Das bedeutet: Sie geht mit ihrem Mann, einem EDV-Spezialisten, in eine Kleinstadt, in der es für sie keine andere Möglichkeit gibt, als in die dortige Textilfabrik zu gehen.

Es war eine besondere Art zu drehen, weil es in dieser Fabrik sehr laut war, sehr warm und sehr feucht. Wir konnten uns gegenseitig nicht verständigen, die anderen hörten einfach nicht, was ich sagte. Nach vierzehn Tagen waren wir der Verzweiflung nahe. Dann haben wir uns einen Abend hingesetzt und haben gesagt: Wir machen das Ding, wir machen es zusammen und kämpfen nach vorn, aber miteinander. Der Tonmeister hat uns dann ein Mikrosystem gebaut, damit wir uns verständigen konnten. Das haben alle phantastisch mitgemacht, wir hatten eine schöne Drehzeit da unten, auch mit den Frauen, für die das schwer war, denn wir setzten ja dauernd die Maschinen still, das heißt, wir verdrehten ihre Akkordarbeit, ihr Geld.

Diese Textilarbeiterin spielt Cox Habbema als jemanden mit viel Selbstbewußtsein. Ihre Kunst ist es, von der Darzustellenden soviel Gutes zu denken, daß diese gut wird und schön und mutig und witzig. Ich erzähle ihr von meinem Eindruck. Sie hört sich das sehr interessiert an und sagt:

Ich habe eher das Gefühl, die Leute nehmen mir übel, daß ich nicht wie eine Textilarbeiterin aussehe. Die Leute um mich herum, das waren ja wirklich Textilarbeiterinnen. Und ich seh nun mal aus wie eine aus einer bestimmten Klasse, da kann man sich auf den Kopf stellen, und da kann man sich verrenken, das ist alles Quatsch, das kriegt man nicht raus. Was man auf der Schauspielschule lernt, die Art, wie man steht und läuft, und wie man sich seines Körpers bewußt ist, ist nun mal die eines Schauspielers und hat einen gewissen Luxus an sich.

Die »Beunruhigung« war in diesem Sinn das geringste Problem. Warneke hatte mir angeboten, auszusuchen, was ich, außer der Hauptrolle, spielen wollte. Ich habe in allen diesen Jahren in der DDR nur zweimal eine Dame aus dem Westen gespielt. Weil ich gesagt habe: Wenn ich in DDR-Rollen nicht mitkann, dann spiele ich gar keine. Ich gehe hier nicht als westlicher Prototyp durch die Gegend. Spaßeshalber habe ich einmal einen Politkrimi gemacht, in welchem ich eine aufgedonnerte Dame aus dem

Westen spielen durfte. Ich war eine ganz böse Gräfin. Das geht natürlich. Sie muß nur sehr reich sein und sehr böse und in einer ganz falschen Welt leben. Hexen spiel ich eh am liebsten. Die Märchenfilme habe ich sowieso gern gemacht.

Die »Beunruhigung« ist die Geschichte einer Frau (gespielt von Christine Schorn). Sie hat Krebs und muß operiert werden. Doch sie kann über dieses beunruhigende Problem mit niemandem wirklich sprechen. Die Leute haben ihre eigenen Probleme, hören nicht richtig zu – Alltag. Dann kommt eine Freundin aus dem Westen, sie wollen zusammen ins Theater gehen und vorher einen Schluck trinken, und die, die es selber nicht so einfach hat und selber nicht so im Gleichgewicht ist, ist die erste, die sieht, daß mit der Frau was los ist, und sich dann hinsetzt und sagt: »Nun erzähl mal.« Das ist einfach eine Freundin.

Es war eine Westdame, die so wenig geschrieben war, daß ich sie nach meiner Art gestalten konnte. Die Szene ist ja improvisiert. Da stelle ich mir dann eine Reihe von Aufgaben. Also: Ist aus dem Westen, sie hat's eilig, sie ist nervös, sie hat sich mit Mühe diese paar Stunden geklaut und erfährt alles ziemlich als Pflicht nach dem Motto, ich muß mal was mit der da unternehmen, so wie man seine Freunde unterbringt am Arbeitstag.

Ich habe zum Beispiel da eine Geste, ich schüttele mir immer die Haare aus dem Gesicht, da sagte die Maskenbildnerin: »Soll ich die Haare 'n bißchen wegnehmen?« Da habe ich gesagt: »Nee, lassen 'se ma' häng'n.«

Das baut man sich vorher. Die Aufgabe war dann: stillzusitzen, auf die andere einzugehen und zuzuhören. Immer innerhalb von diesem Rahmen, den man sich gesetzt hat. Das ist es dann. Und das war lange! Der Kameramann ist spazierengegangen, ist einen trinken gegangen, hat die Kamera draufgesetzt und ist erst mal abgehauen, das lief und lief, war alles ein Take.

Ihr letzter Film ist »Die Stille um Christine M.« Er handelt von drei Frauen, die sich zufällig in einer Boutique treffen, einander nie vorher gesehen haben und den Boutiquebesitzer umbringen. Der Film wird aus der Perspektive der Psychiaterin erzählt, die den Auftrag hat, ein Gerichtsgutachten zu schreiben darüber, ob die drei Frauen verrückt sind. Die Psychiaterin wird gespielt von Cox Habbema.

Ich habe versucht, mir eine Figur zu bauen, die privat im Einklang mit ihrer Umwelt ist. Die Ehe ist intakt, und sie hält die Art, wie sie lebt, auch nicht für problematisch. Doch wenn sie dann arbeitet, ist sie viel gespannter, viel direkter als in ihrem Privatleben.

Die Gefängnisszenen, in denen ich die Frauen befrage, haben wir zuerst gedreht. Ich hatte 39 Fieber, aber ich hatte das so einigermaßen in der Hand, und die Regisseurin Marlen Gorris hat unsere Arbeit uns überlassen, das war keine schlechte Entscheidung. Danach kamen die Privatszenen, und das waren die einzigen, worin ich die andere Seite der Figur zeigen konnte. Und ich merkte, es ist zuwenig davon da.

In einer Szene liegt Habbema mit ihrem Film-Ehemann auf einer Couch. Sie sind zärtlich und alberich zusammen, und Habbema nimmt ihren Kuli, den sie gerade in der Hand hat und zieht ihn über den Bauch des Mannes langsam zum Hals hoch, als wolle sie ihn aufschlitzen. Diese Geste sehen wir wieder, wenn der Boutiquebesitzer umgebracht wird.

Was Marlen Gorris beim Schneiden getan hat, ist, die Szene mit dem Ehemann, die ursprünglich mitten im Film war, an den Anfang zu setzen. Das war eine ganz wichtige Entscheidung, und ich werde ihr ewig dankbar sein, denn damit hat sie meine Figur für mich, so wie ich sie gebaut habe, gerettet.

Cox Habbema arbeitet am Deutschen Theater in Berlin zur Zeit vor allem als Regisseurin. Sie hat Hacks gespielt (»Das Jahrmarktsfest zu Plundersweilem«) und zwei Uraufführungen von ihm inszeniert (»Senecas Tod« und »Musen«), eine davon für das Fernsehen der DDR.

In der DDR kann man auf die Bühne gehen und sagen: Morgen wird Frühling. – Und dann jubeln die Leute, weil sie sich was dabei denken. Bei uns muß man immer mit einer roten Fahne auf die Bühne gehen. Das ist natürlich viel weniger lustig, als ein Märchen zu erzählen und es den Leuten zu überlassen, es zu verstehen. Aber bei uns verstehen sie das nicht mehr. Deswegen ist, in der DDR zu arbeiten, so furchtbar verführerisch. Wenn man das einmal erlebt hat, ist es wie eine Krankheit, die man nicht mehr los wird. Es ist das Publikum, insbesondere das Berliner Publikum. Es ist wohl was dran an der Tugend der Hauptstädter der Welt. Das Publikum ist wach, teilnehmend und auf eine besondere Weise optimistisch.

Ihre Inszenierung von »Senecas Tod« von Hacks steht nach Umbau und Wiedereröffnung des Deutschen Theaters noch auf dem Programm. Titelrolle: Eberhard Esche.

Wenn man einen Text von Hacks hat und solche Schauspieler wie dort, dann wird das von selber nicht langweilig. Weil die Schauspieler ihre Texte verstehen, also die Leute auch, und die Texte sind ja sehr gut. Der Hacks wohnt in der DDR, die Schauspieler wohnen in der DDR, also wird so ein Stück unweigerlich modern, und wenn man es, was weiß ich wie lange vor Christus ansetzt. Ja, und Rolf Ludwig, Klaus Piontek, Otto Mellies und, und, und. Namen, die im Westen nur wenige kennen. Das ist sehr schade. Es sind Schauspieler, die weit über dem stehen, was man landläufig als gut bezeichnet. Das »Deutsche Theater« ist mit Sicherheit eines der bestbestückten Theater Europas. Ich hatte das Vergnügen, mit einem Teil dieser »Bande« von gestandenen fünfzigjährigen Altstars zusammenarbeiten zu dürfen. Ich bin mit großer Höflichkeit und großer Sympathie aufgenommen worden. Es war eine gute Arbeit. Obwohl der »Trend der Zeit« in eine ganz andere Richtung geht: höher, schneller, bunter, weiter, mehr, immer mehr Action, mehr Dekoration. Dann das Sport- und Turntheater, Schauspieler brechen dauernd die Beine, überschreien sich, damit es nicht so aussieht, als würden sie nichts tun. Einfälle über Einfälle. Die Vielzahl der Einfälle zeigt die »Herrschaft« des Regisseurs. Nein, meine Inszenierung von Hacks' »Senecas Tod« entspricht nicht dem Trend der Zeit.

Wenn Schauspieler ihre Texte mitdenken, dann versteht man sie schon. Wenn sie das nicht tun, kann man hineininszenieren was man will, man versteht nichts mehr.

Wissen Sie, wenn ich das Theater nicht hätte, würde ich Film als sehr zu wenig, als etwas sehr Panikartiges empfinden. Eine Figur wie die in der »Christine M.« – da verschwindet man drei Wochen drin, man wird zu dieser Figur. Wenn man sich da nicht auf einen Beruf zurückziehen kann, auf ein Handwerk, kann man zu sich selber nicht mehr zurückfinden. Da ist das Theater die Quelle, und der Film die Fontäne.

Cox Habbema ist eine bekannte Schauspielerin in Holland (sie hat in diesem Jahr eine 13teilige Fernsehserie gedreht), sie leitet ein kleines Poesie-Theater, sie ist beim niederländischen Fernsehen in Hilversum in festen Diensten in einer verantwortlichen beratenden Funktion und ist für zwei Jahre in »De Raad van de Kunst« gewählt worden, der den Kulturminister berät.

Wir Holländer haben kein Wort für das Wort Heimweh, das Ihr so gut kennt, aber der Mensch hat Wurzeln, ohne Zweifel. Er gehört zu einer Sprache, in eine Landschaft und in bestimmte Gerüche. Aber da ich hier nicht eine andere bin als dort, habe ich mich im Laufe der Jahre an das Hinundherreisen gewöhnt. Ich bin hier wie dort zu Hause. Was ich von Holland wiederum ganz hinreißend finde, ist, daß die mir einen solchen Job beim Fernsehen geben; immerhin wohne ich zum Teil in der DDR. In dieser Ostwestlandschaft finde ich das etwas sehr Holländisches.

Wenn ich erzähle, daß ich in Berlin/DDR ins Theater gehe, sagen die Leute: »Ach, die machen auch Theater?«

Na ja, das ist natürlich peinlich. Daß Ihr nicht wenigstens neugierig seid, wie die da drüben leben.

Das letzte, was ich von ihr auf Tonband habe, ist:

»Alles, was man macht, ist ein Abschnitt in seinem Leben. Hauptsache man versucht, sich weiterzuentwickeln, damit wieder andere Abschnitte kommen. Aber alles, was man zurückläßt, ist eine Bestandsaufnahme von diesem Moment seines Lebens, und wenn Sie in diesem Moment wirklich nach Kräften das Beste geben, dann ist es gut.«

DIE KÄLTE, DIE DEUTSCHE FRAGE UND MEIN LALA AM KLAVIER

Ich hatte solche Angst, daß sie wie zwanzig aussieht, das wäre zu schrecklich gewesen. Aber sie sieht wirklich aus wie die Sechzig, die sie ist, und eine Frau von sechzig soll gefälligst wie sechzig aussehen. Ihre Stimme ist total kaputt, sie krächzt bloß noch, das ist nicht übertrieben, und ihr Gesicht und was sie mit ihm macht, ist phantastisch.

Hildegard Knef auf ihrer Pressekonferenz erzählt anderthalb Stunden in fünfzehn leere Gesichter Geschichten, in denen sich die gesamte wirkliche Welt um Hildegard Knef reißt. Ihre Lakonie ist unglaublich: ein Vollprofi! Ihre Stimmübungen nennt sie »Mein Lala am Klavier«; ihr Großvater: ein Augenaufschlag. Dieser Na-Sie-wissen-schon-Ton. »Da war dann dieser Teich, in den ich immer fiel.« Es ist ja nun auch alles aufgeschrieben.

Die Fragen sind so dumm, daß man es nicht glaubt. Knef erstrahlt in Genialität. Die Fähigkeit, einfach irgendetwas zu erzählen. Der Höhepunkt ist ihre Interpretation des Filmskandals »Die Sünderin«. Sie, Hildegard Knef, sagt sie, hat ja nun fünf Jahre nach »Auschwitz etcetera« den Anlaß geliefert, daß die ganzen »Schuldgefühle, die da irgendwo rumlungerten«, abgelassen werden konnten. Knef nackt! Knef die Deutsche Frage. Knef die Welt.

Mir fehlen noch ein paar Platten von ihr, zum Beispiel »Träume heißen du« und »So oder so ist das Leben« und noch welche; wer sie hat, rufe mich an: 7 81 48 25.

Am Schluß frage ich sie, was das Schönste war in ihren zehn Tagen Berlin. Sie sagt: »Wenn ich in eine warme Wohnung kam.«

P. S. Sie ist am 21.1.'86 in der Philharmonie.

DIE SCHMIDT

vorher lauf ich im bademantel rum mit krem auf meinem sonnenbrand. sie, die ich erwarte, trägt zum beispiel overall und zigarettenspitze; im spiegel sehe ich den spitzen ausschnitt meines schwarzen tischörts. aber ich ziehe die ärmel des jacketts auf die ellenbogen, dann wird es gehn.

sie hat viele namen. sie ist die schwester von trudeliese, trudeliese singt und heißt schmidt. sie färbt sich die haare und heißt kaahwn. sie lernt rainer werner kennen, sie heiratet ihn und heißt wie er. sie singt auch und heißt kawänn. das ist das ingrid.

sie trägt dann auch schwarz. es sind alle da, wer mit was jungem, wer mit was altem, ich allein. was georg kreisler wohl denkt, denke ich zwischendurch.

den ersten schwung kriegt sie bei »kinder, das ekelt mich an«. da jazzt das klavier auch ein bißchen, es hat sonst bessere tage gesehn; die geige quält sich so, die farblosen musiker machen so farbloses, es bläst und zupft lahm.

wir kennen die lieder ja. sie gibt das tempo an, weil die musiker nicht mitkommen; sie tippt aufs mikro, weil der ton nicht kommt; sie läßt sich aufs klavier heben und singt im liegen: »ich war ganz unten / so lernte ich fliegen.«

zwischentexte keine. die geniale zeile »himmelblauer himmel« geht unter. sie ist ein kind, das das »heiderös-lein« mit rührendem ernst singt und plötzlich richtig unglücklich sein kann, wie sie es ja ist.

ihr bestes lied, »akne vulgaris«, singt sie vollkommen kalt. so kalt und freundlich und lächelnd hat das gisela may nie gekonnt: singen. den gigantischen refrain »im kleinen leben liegt der große schmerz / die großen brauchen für ihr großes leben ohnehin kein herz«, diese unglaublichen zeilen spricht sie fast. auf den platten schreit sie sie. sie bekommt den stärksten applaus des abends, unverbindlich verbeugt sie sich.

»aber das leben geht immer nur weiter und weiter«, das singt sie dann, sie sagt es und geht und geht auf der bühne: das leben. dabei kuckt sie nach dem stuhl, auch der kommt nicht rechtzeitig.

eine aneinanderreihung von verbotenen wörtern in einem lied des kapellmeisters läßt dann das publikum rasen; vor dem möcht ich nicht singen. es stinkt.

erst bei den »caprifischern« freut sie sich, es ist die zugabe. sie tanzt. zwischendurch hat sie sich auf die erde gelegt oder ist ins publikum gegangen. jetzt singt sie und bräuchte kein mikrofon. einer der wenigen sätze, die sie sagt, ist: »morgen sing ich wieder«.

ZYNISCH WAR ICH NIE

Ingrid Caven im Gespräch

Im Theater des Westens wird zur Zeit die Dreigroschenoper von Bertolt Brecht gegeben; die Spelunken-Jenny spielt Ingrid Caven.

Caven: Ich wollte zum Kudamm, weil ich so gerne Butterkuchen esse, und dann ging es nicht, weil wieder da demonstriert wird und Polizei und alles. Und dann hat mir der Taxifahrer, der war so süß, ein Café gezeigt, und da hatten sie nur das da. Das ist aber auch aus Butter, haben sie gesagt.
Schernikau: Gestern war Benno Ohnesorg zwanzig Jahre tot.
Caven: Das war gestern? Deshalb hab ich die ganze Nacht nicht geschlafen.
Schernikau: Wissen Sie noch, was Sie da gemacht haben?
Caven: Da war ich in München, ich weiß es ganz genau, wir waren im Action Theater, und wir sind mit dem Peer Raben, Kurt Raab, der Rainer, sind wir schräg gegenüber, aber ich weiß nicht mehr wie die Bar hieß, sind wir nachmittags in sone Pinte gegangen, ganz dunkles

Ding, und dann durchs Radio gehört. Zwanzig Jahre. Mensch. So kommt mir das nicht vor.

Auftritt des Fotografen Ingo Taubhorn; er möchte einen Fototermin.

Caven: Wenn ich Fotos mache, da brauch ich zehn Tage vorher Urlaub und zehn Tage nachher. Fotosession ist nicht. Ich werd dann auch so verkrampft und eitel und eklig.
Schernikau: Ist das die Ewigkeit, die da schreckt?
Caven: Nee, ich glaube, das ist dieser letzte Moment. Also, Ewigkeit ist ja eher dann Film. Die schreckt mich gar nicht. Aber hier ist ja sowas von Cutting drin auch, und Schnitt. Keine Bewegung. Ein Moment, der rausfällt, auch wenn er interessant ist. Es ist vampirisierender als Film.
Schernikau: Haben Sie zu Hause ein Fotoalbum?
Caven: Um Gottes Willen, also meine Eltern, die haben sowas.
Schernikau: So vom Kaffeetrinken.
Caven: Jaja, na da seh ich ja zickig aus.
Schernikau: Und welche gefallen Ihnen besser, die oder die andern?
Caven: Ach, erstmal gar keine. Aber wenn, dann die Starfotos, wo man gar nichts drauf sieht. Ich hab auch bei mir nix hängen, ich will mich auch nicht sehen dauernd. Du mußt selber ganz ausgeruht, stark sein, und dann wirklich nichts anderes machen den Tag, und dich hingeben dann dieser Sache.

Caven und Schernikau singen: »Ja da muß man sich doch nicht gleich hinlegen.«
Schernikau mahnend: Ja, kalt und herzlos sein!
Caven: Nee, nee.
Schernikau: Die Leute sagen, Ihre Jenny hätte so eine Kälte.
Caven: Kälte? Kälte? Ich versteh schon, daß manche, die mich so anders kennen aus der Show, da bleibt zum Schluß, daß die Frau halt sone Power und Aggression hat und auch sone Lebenskraft, die ich ja auch nicht verleugnen will – daß die irritiert sind. Daß die erstmal denken, ja spielt die gar nicht. Komischerweise, Leute die mich weniger kennen, die kriegens dann eher mit, daß die Jenny irritiert ist und versucht nachzudenken, was ist, und selber ja auch das Spiel mitmacht, die verrät ja auch. Aber sie ist glaub ich nicht so happy drüber. Das ist alles.
Schernikau: Was macht mehr Spaß, Proben oder Vorstellung?
Caven: Proben. Aber in der Vorstellung arbeite ich ja weiter, das gefällt mir. Ich stelle mir da immer schon noch'n paar Aufgaben. Da lern ich jetzt noch. Ich wußte vorher, es gibt also diese Eisentreppe. Und dann kam ich her, und die hatten schon ein bißchen vorgeprobt, und da sah ich dann schon das Konzept. Und da dachte ich, na, da kann ja sone Frau mal durch gehn. Das kam mir dann entgegen. Also wenn die alle wie ich, na das hätten die ja nie gemacht, dann hätte ichs müssen ein bißchen anders machen, um dasselbe zu zeigen. Ich wollte auf jeden Fall zeigen, daß da ne Frau zwar weiter sieht, daß

sie ihr Geld verdient, Schweinereien kennt, wo sie oft auch mit drin ist, aber sich ihr Teil denkt. Nicht sagt: Ich machs halt so und so ist das Leben – sondern sagt: Es ist schade, daß es so ist. Zumindest! Und in dem Schiff sind ja die fünfzig Kanonen auch. Es sind ja nicht bloß die acht Segel.

Auftritt böser Geist: Ihr Gesprächspartner hat die Vorstellung überhaupt nicht gesehen.

Caven: Sie habens gar nicht gesehen? Ja, wie wolln wir denn interviewen, wenn Sies gar nicht gesehen haben? Och, Kinder, das ist ja unseriös. Das gehört doch dazu! Frau Caven, die hat ja nicht aufgehört vor zwanzig Jahren. Also, ist ja'n Shock. In meinem Beruf kann ich mir das nicht erlauben. Sone Haltung.

Schernikau kleinlaut: Es geht doch um Sie als Person. Wie es Ihnen geht.

Caven: Mir gehts gut.

Auftritt des ehemaligen Chefredakteurs der Siegessäule, Kraushaar: Ich habe die Vorstellung gesehen. Deshalb an dieser Stelle zwei Fragen, die nur jemand stellen kann, der die Vorstellung gesehen hat. Sie haben ja nun viel mit Schwulen gearbeitet.

Caven: Nicht weil ich die suche.

Kraushaar: Vielleicht suchen die Schwulen Sie?

Caven: Ach glaub ich auch nicht, sondern weil – ich weiß es nicht. Es gibt auch Schwule, mit denen ich nicht kann. Es gibt auch Frauen, mit denen ich nicht kann. Also so ist das nicht. Nur, vielleicht, es muß schon was dran sein, daß es irgendwie mit mir einfacher ist. Weil die, denk ich mir, gar nicht ohne sone bewußte Verletzbarkeit leben können. Sonst wärn sie ja eh schon kaputt. Und Frauen haben das oft, die Frauen die sich durchsetzen, die verlierens oft leider. Das war ooch son Dings bei mir bei der Jenny. Es ist ja schwer, also selbst in meinem Beruf und mit meinem Namen. Also Leute freuen sich, wenn ich entgegenkomme und wenn ich auch meine Schwächen zugebe, und dann denken sie, ach, die hab ich in der Hand, jetzt kann ich mit der machen was ich will. Und das geht bei mir ja nicht. Und da ist es ganz schwer, auch für Leute, die mich mögen, die Grenzen abzustecken. Und das versuch ich natürlich in dem was ich mache auszudrücken. Ich mag ja die Weiber, und ich mag ja die Schwulen. Ich mag bloß nicht, wenn die dann auch diesem Spiel verfallen. Und noch brutal und zynisch werden. Aus ner sogenannten Not. Und die Not dann gar nicht mehr das Recht hat, sich auszudrücken.

Kraushaar: Sind Sie Veranstaltungen wie dem Christopher Street Day gegenüber grundsätzlich aufgeschlossen?

Caven: Was heißt aufgeschlossen? Das ist doch mein Leben, das hat doch mit meinem Leben zu tun. Dumme Frage. Das hat nicht mal was mit Euch zu tun, das könnte ich mir gar nicht antun. Sowas zu fragen! Das kommt wohl aus Euern Lebenserfahrungen. Und aus Deutschland! Also nicht mal in dem restriktiven Amerika, wo die Minderbemittelten wollt ich jetzt sagen, also die Minderheiten, also da wissen die: die kommt doch. – Das ist unser schreckliches Land.

Schernikau: Wie machen Sie das »Hoppla«?

Caven: Na, Hoppla. Wer wird sterben, na Alle. Also was soll ich mich da noch riesig freuen, was soll ich da machen, das kann ich nicht. Vor zehn Jahren hätt ich es ironischer gemacht. Nur, jetzt ist soviel Ironie und Zynismus im Leben. Zynisch hab ich nie gespielt, aber das haben ja jetzt alle druff, das interessiert mich nicht mehr, im Beruf. Hat mich im Leben sowieso immer nicht interessiert, in manchen Rollen, Liedern hab ichs früher mehr gemacht, weil Ironie oft gefehlt hat, weil son Bierernst war. Aber inzwischen ist der Bierernst umgeschlagen in Zynismus, und da bring ich die Ironie nicht mehr so, weil die Ironie von den Zynikern zynisch verstanden wird, und da hab ich keine Lust, Kunst oder irgendwas zu machen. Das ist mir zu wenig.
Schernikau: Sind die Zeiten ernster geworden?
Caven: Ach, die waren immer gefährlich und ernst. Ich denke, es ist ne andere Art von Gefährlichkeit entstanden. Es ist nicht so einfach wie früher mit den Faschisten und den Unterdrückten und den Reichen und den Armen. Es ist ja mehr auch differenzierter geworden, zynischer, und wie man damit umgeht heute, ist ja nicht so einfach zu durchleuchten. Und die Unterdrückungsmechanismen sind doch da. Und das interessiert mich auch, daß die heute zwischen jedem sind. Ich hab ja Möglichkeiten, die haben die meisten gar nicht. Aber meine Aufgabe ist, hinzukucken wenigstens. Zu sehen, was passiert. Sonst hab ich ja gar keine Berechtigung, was zu machen.
Schernikau: Im Konzert bringen Sie jetzt manche Lieder, die Sie auf den Platten voll singen, kalt.

Caven: Nicht kalt. Nachdenklich vielleicht. Und in der Show mach ich ja dann auch Dinger mit volle Pulle. Bei der Jenny mach ich nur ne Art Traurigkeit und Nachdenklichkeit. Und sone unmögliche Utopie, mit Betonung auf Utopie trotzdem. Früher haben wir halt Utopien gehabt, die benennbar warn, wo wir dran geglaubt haben und wo wir auch größenwahnsinnig waren und dachten das werden wir jetzt schaffen, die Welt wird geändert. Ich möchts auch nich missen, wunderbare Zeit, aber es war etwas naiv. Manche Lieder kann ich auch gar nicht mehr singen. »Carneval« zum Beispiel, von Fassbinder. Aber schon vor der Krankheit konnt ich das irgendwann einfach nicht mehr richtig machen.
Schernikau: »Akne Vulgaris« hat sich sehr verändert.
Caven: Ja. Ich kann das fast auch nicht mehr machen.
Schernikau: Aber es ist ein so wunderschönes Lied.
Caven: Vielleicht nach der Jenny wieder. Ich sag ja dann nicht, die Lieder sind schlecht. Aber ich hab dann nicht mehr die Ehrlichkeit. Klar könnt ichs immer herstellen, wie ichs immer gemacht hab. Das ist dann Technik. Nur, ich muß auch, wenn ich son Luxusberuf habe, der erstmal als Beruf halt wirklich ein Luxus ist, also man kann sich mit sich selber beschäftigen, man muß sich, man wird betüttelt, und immer ich, ich, so, und dann hat man die Verpflichtung, wenigstens selber zu sich ehrlich zu sein.
Schernikau: Am Anfang war Caven mehr was nach außen Getragenes.
Caven: Es war eine andere Zeit, es war ein anderes Leben, wir waren sehr viele, wir haben uns gegenseitig inspiriert,

gestützt, korrigiert, kaputtgemacht, aufgebaut, alles. Da sind auch'n paar tot jetzt. Das heißt nicht, daß ichs jetzt besser oder schlechter mache. Ich kann es nur nicht mehr genauso machen. Es gibt die eine Möglichkeit: Aufhören, sich ärgern, sich zurückziehen und das lassen. Oder es gibt die andere Möglichkeit: Weitermachen. Und da weigere ich mich, es ohne Utopie zu machen, heute sagen wir unmögliche Utopie, aber trotzdem Utopie. Ich könnte sie nicht präzisieren. Aber vielleicht in Kleinigkeiten ganz präzise zu werden, und da wos geht sie einzusetzen, und seis noch der kleinste Lebensbereich. Da gingen wir früher aufs ganze. Trotzdem will ich aber nicht in den Zynismus einsteigen. Dann verkauf ich lieber Eier, und da sindn paar geplatzte drin, und ich verdien davon ooch noch 200 %, okay. Aber nicht in dem Beruf. Das tu ich mir nicht an.

Schernikau: Versteht das Publikum, was Sie machen?

Caven: Teile nehm ich an, ja, immer. Also ich mach ja nicht nur tamtam, sondern versuche auch noch andere Schichten. Und ich denke, da vermittelt sich dann schon was. Die jungen Leute sind ja heute überall, also nicht wo die Not groß ist, das darf man ja nicht unterschlagen, aber hier so – die versuchen, sich selbst zu mögen, nicht? Und nicht nur zu sagen, ich bin ein alter Arsch weil ich krieg den Job nicht, ich bin nix wert weil ich nix leiste, und wenn ich nix leiste bin ich auch nix und niemand. Wenigstens das hat sich geändert Gottseidank! Sonst könnten die sich ja alle umbringen.

Schernikau: Merkt man während der Arbeit, wenn's schlecht wird?
Caven: Das merkt man am ersten Tag! Was heißt schlecht, ich kann nur sagen, geht das in die Richtung, die ich vertreten kann oder nicht. Ich kann nicht sagen schlecht oder gut, das weiß ich nicht.
Schernikau: Gibt's Filme, über die Sie sich hinterher geärgert haben?
Caven: Ach was. Ich dachte, der Bockmayer-Film würde anders werden, »Looping«. Der Bockmayer war damals auf som Trip, das ist jetzt längst vorbei, damals war er plötzlich nicht mehr schwul, und er war schon in Hollywood, weil irgendein Astrologe das gesagt hatte, und das hat der aber geglaubt, nicht gespielt, was wir alle schon gemacht haben. Und dann behandelte er die Shelley Winters, die ja nun auch schon was geleistet hat, die behandelte er so, na, er war eben schon in Hollywood. Und da war ich dann knallhart und hab meins durchgezogen. Das ist halt dann schwer.
Schernikau: Können Sie sich vorstellen, ein ganz freundliches Lied zu machen?
Caven: Hab ich doch schon gemacht. *Sie singt:*
»Und während dieser ganzen Zeit
Singe ich Lalalala
Lala lalalalalala lalalalalala
Die Zeit bleibt nicht stehn
Alles das wird vergehn
Lala lalalalalala

Und während dieser ganzen Zeit
Höre ich dies und höre das
Schau mir diese Dinge an
Und singe tralalalala
Und du, ich weiß jetzt nicht mehr
Und wir sind dann alle nicht mehr da.«
– Ist das nicht freundlich?

Schernikau: Wenn eine gute Fee käme …

Caven: Ach, drei Wünsche. Weiß ich nicht. Wär mir zu wenig.

Schernikau: Die ersten drei.

Caven: Weiß ich nich. Heutzutage, Gesundheit für alle und langes Leben. Und dann, weiß nicht, spirituelleres Leben. Oder wie sagt man das auf deutsch, auf deutsch klingt spirituell albern. Bißchen Spaß. Utopie hat ja auch mit Liebe zu tun. Die muß man nur auch weiterformulieren als nur im engsten, und im engsten Bereich auch anders formulieren. Nicht so reduziert auf simple Erfüllung direkt. Also wenn ich jetzt hier lauter Bravos gehabt hätte und hätte nicht das gemacht, was ich meinte, wär meine Depression eher größer als so, wo ich dann auch paar Buhs einstecken muß. Wenn jetzt der ganze Saal dagegen wäre, dann hätt ich was falsch gemacht. Also, ich will schon, daß was verstanden wird.

Schernikau: Dieser Spaß, den Sie sich wünschen, haben Sie den schon?

Caven: Jeden Tag.

KÖNNEN TUNTEN ERNST SEIN?

Das neue Projekt von Ladies Neid

Dunkle Bühne. Ein Auto kommt gefahren, eine Frau steigt aus, sie geht zu der Garage, macht das Tor auf, Licht. Es ist Chou-Chou de Briquette.

So fängt das Stück an, das Ladies Neid am 4. Dezember 1987 zur Welturaufführung bringen werden. Das Stück ist ein fünfaktiges Drama, in dem die Personen Blankverse sprechen. Es heißt »Die Schönheit« und ist von Ronald M. Schernikau. Die »Siegessäule« fragte das Ensemble: Weshalb dieses Stück? Weshalb überhaupt ein Stück mit Ladies Neid? Ist der Ernst des Stückes ernst gemeint?

Pepsi Boston: Wir hatten die Wahl zwischen Maria Stuart, Woyzeck und der Schönheit.

SiS: Und, was habt ihr gewählt?

Ichgola Androgyn: Maria Stuart. Oder war es Percy Stuart?

Pepsi: Die Autorenrechte waren aber nicht zu kriegen. Für »Die Schönheit« waren sie dann sehr billig.

Ichgola: Das waren mehr Pflichten als Rechte.

BevStroganov: Eine Nacht voll Seligkeit …
Melitta Sundström: Das Singen hing uns allen zum Halse raus.
Pepsi: Im wahrsten Sinne des Wortes.
Ichgola: Wir hatten keine Show-Ideen mehr.

In der Garage ein zweiter Wagen, Chou-Chou geht zu ihm und schreit. Sie stürzt aus der Garage. Dann hält sie einen langen Monolog. Der Monolog ist in Versen und reimt sich.

Chou-Chou: Es fängt damit an, daß Jimmy – nein, das darf man nicht sagen.
Pepsi: Es geht um das Gleichgewicht des Schreckens, das durch eine Hochzeit wieder hergestellt wird.
Ichgola: Spionage.
Melitta S.: Hauptsächlich handelt es von einer etwas dümmlichen Frau.
Chou-Chou: Die Idealbesetzung.
Pepsi: Eigentlich sollte Lilli Palmer die Hauptrolle spielen.
Melitta S.: Leider starb sie dann kurz vor Probenbeginn.
Pepsi: Sie geriet mit ihrem Kleid in eine Feststoffrakete.
Else Lemke: Sehr festlich.
Ichgola: Nur die Mutter ist noch schusseliger.
Pepsi: Wir wollten auch mal was Anspruchsvolles leisten.
SiS: Und? Ist es was geworden?
Pepsi: Ja.

SiS: Wirklich?
Pepsi: Ja, wirklich.
SiS: Die Probe hat mir ja gut gefallen, um nicht von sehr gut zu sprechen. Ich habe Tränen gelacht.
Chou-Chou: Dann haben Sie ja nichts gesehen. Ich weiß einen guten Augenarzt.
SiS: Frolln de Briquette, Sie spielen die Hauptrolle in diesem Stück.
Chou-Chou: Die Rolle ist mir ja zu klein.
SiS: Was ist das denn für eine Person?
Chou-Chou: Mein Unter-Du.
SiS: Über-Ich?
Melitta S.: Sie ist betroffen von Ihrer Rolle.
Ichgola: Sie wollte sich umbringen, da kam ihr dieses Angebot gerade recht.
Melitta Poppe: Sie wollte ihre Grenzen erfahren.
Melitta S.: Für mich ist das Stück einfach eine vereinfachte Fassung sämtlicher Südstaatendramen, die jemals geschrieben wurden. Deshalb finde ich die Stimmung und Atmosphäre auch so angenehm.
SiS: Angenehm.
Melitta S.: Südstaaten eben.

Also Amerika. Eine amerikanische Millionärstochter heiratet. Sie heiratet einen ehemaligen Klassenkameraden, der inzwischen den Beruf eines russischen Spions ergriffen hat; natürlich weiß sie das nicht. Jimmy. Jimmy wird gespielt von Melitta Sundström.

SiS: Frau Sundström, Sie spielen das erste Mal in Ihrer Karriere eine Hosenrolle. Ist das nicht sehr anzüglich?
Pepsi: Das stimmt! Das stimmt!
Melitta S.: Sehr anstrengend, ja. Ich kann es auch noch immer nicht fassen.
SiS: Es treten hier mehrere Damen als Herren auf.
Pepsi: Wie bei Shakespeare. Das Stück lebt ja von Wiederholungen.
Melitta S.: Das Stück lebt ja von Wiederholungen.
SiS: Ach, das Stück lebt von Wiederholungen?
Else Lakritz: Ja, das Stück lebt von Wiederholungen.
Chou-Chou: Das stimmt. Das Stück lebt von Wiederholungen.
Ichgola: Wir spielen es genau, wie es geschrieben ist.
SiS: Frau Lemke, ich hatte die ganze Probe das Gefühl, Sie versuchen, ungeheuer schön zu sein.
Else: Ich BIN schön. Es ist meine Rolle.
Melitta S.: Es ist das erste Mal in ihrem Leben, daß sie den Text auswendig kann.
Melitta P.: Fast auswendig.
SiS: Frau Androgyn, Sie spielen ja nun auch einen Mann. Fällt Ihnen das nicht wahnsinnig schwer?
Ichgola: Ich spiele die Mutter von Millie.
Pepsi: Den Vater.
Ichgola: Den Vater in Frauenkleidern und saloppen Stiefeletten.

Der Vater von Millie ist Waffenfabrikant. Die Pläne seiner

Waffen will Jimmie klauen. Der Kontaktmann von Jimmie ist Peggy. Peggy wird gespielt von Melitta Poppe.

SiS: Frau Poppe, wen spielen Sie?
Melitta P.: Die Peggy. Peggy March ist … Nein, nein, sie ist eine Komsomolzin.
SiS: Deshalb hat Ihr Kostüm so einen leicht russischen Einschlag.
Melitta P.: Hegel, auf den Kopf gestellt.
Melitta S.: Hegel? Hegel auf den Kopf gestellt?
Bev: Die Mütze.
SiS: Was macht diese Peggy im Stück?
Melitta P.: Sie stellt die politische Plattform dar.
SiS: Sehr platt?
Melitta P.: Hmhm.
SiS: Gefällt Ihnen die Rolle?
Melitta P.: Ja.
SiS: Hat sie viel mit Ihnen selbst zu tun?
Melitta P.: Nein.
Melitta S.: Ja.
Melitta P.: Ich hasse Interviews.
Pepsi: Wir finden, die einzig glaubhafte Position, die man noch vertreten kann, ist der Marxismus-Leninismus.

Das ist kein Satz aus dem Stück. Aber der Jimmy, den Melitta Sundström spielt, ist ein richtiger russischer Spion. Er spricht, wie alle, in Versen und ist genauso unglücklich wie Millie.

SiS: Frau Lakritz, wen spielen Sie?
Ilse Lakritz: Die Neidische.
SiS: Und was machen Sie da?
Ilse: Na, neidisch sein.
SiS: Das steht Ihrem persönlichen Naturell doch eigentlich diametral entgegen.
Ilse: Was ist denn diametral?
SiS: Genau entgegengesetzt.
Ichgola: Aszendent.
Else: Symmetrisch.
Ilse: Find ich ja gar nicht.
SiS: Vielen Dank für dieses Geständnis. Gibt es denn jemanden, der so etwas wie die Gesamtleitung hat?
Melitta S.: Pepsi.
SiS: Ich hatte nicht nach den Getränken gefragt, sondern …
Pepsi: Wenn jemand schuld hat, bin ich es!
Melitta S.: Ach, DIESES Lied!
Pepsi: Wir haben keinen Regisseur.
Bodo A.: Das finde ich aber verlogen.
Pepsi: Nein, das ist nicht verlogen.
Chou-Chou: Wir sind eine homogene Gruppe.
SiS: Iiih!
Chou-Chou: Deshalb sind wir auch gegen Homogen-Forschung.
Melitta S.: Aua!
Pepsi: Ladies Neid hat bei dieser Produktion auch Gäste. Wir haben Leute genommen, die noch schlechter sind als wir.

SiS: Damit Ladies Neid mehr glänzt. Genialer Gedanke.
Chou-Chou: Es hat lange gedauert, bis wir die gefunden hatten.
SiS: Bodo A., Sie versuchen das ganze Stück über, sehr sehr männlich zu wirken.
Bodo A.: Ich versuche mein Bestes.
Pepsi: Er ist ja erst neunzehn.
Bodo A.: Ich lerne fürs Leben daraus.
Chou-Chou: Er treibt immer Studien dafür im »Toms«. Er hat schon lauter blaue Flecken.
Bodo A.: Man weiß, was man zu tun hat.
SiS: Als Mann?
Bodo A.: Ja.
Pepsi: Das weiß man als Frau ja nie.
SiS: Was stellt eigentlich das nebenstehend abgedruckte Plakat dar? Was bedeutet es?
Pepsi: Millie versucht, mit einem Schneidbrenner ihre persönlichen Probleme zu lösen. Eine Liebesgeschichte vor dem Hintergrund waffentechnischer Entwicklungen.
SiS: Ist das nicht sehr ernst?
Pepsi: Ja.
Chou-Chou: Sehr ernst.
Bev: Wie jedes unserer Programme.
Melitta P.: Nein. Es ist wirklich ernst.

Das Interview führte der Autor des Stückes.

Antrag auf Einreise in die DDR

Bitte mit Schreibmaschine oder in Blockschrift mit Tinte ausfüllen

für Personen mit ständigem Wohnsitz in Berlin (West)

1	2
3	4

Familienname	Geburtsname	männlich *	weiblich *
Vorname	Geburtsdatum und -ort	Familienstand	

Wohnanschrift
Berlin (West)

Ausgeübte Tätigkeit

Beabsichtigte Aufenthaltsdauer in der DDR
von bis in (Ort, Kreis)

Zweck der Reise *	dienstlich	privat	einmalig	mehrmalig

Grenzübergangsstelle

Nr. des Personalausweises (Reisedokumentes)

Mitreisende Kinder bis 16 Jahre (Name, Vorname, Alter)
nur auf dem Antrag eines Erziehungsberechtigten eintragen

Kennzeichen des Kfz

* Zutreffendes ankreuzen

FRANK SCHÖBEL

Blonder Stern
Party-Twist

Bestell-Nr. 4 50 454

DAS WAR NUR EIN MOMENT

wenn ich morgens rübergehe, scheint die sonne. sie haben umgebaut, die meisten bemerken es nicht, sie sind zu selten hier. der neue raum ist übersichtlicher, und wir stellen uns wieder in längliche gruppen. die länglichen gruppen bestehen aus uns. wir sind sehr dicht aneinander gestellt. der mann hinter mir etwa berührt mich. er ist ein mann, bei dem mir das eher unangenehm ist. aber ich verstehe ihn. er will raus. er probiert, ob ich nicht vielleicht die macht habe, die schlange zu umgehn oder den grenzpolizisten um freies geleit zu bitten oder gnade oder vergebung. der mann hinter mir ist nicht allein. wir alle hoffen. wir alle sehen vor uns die menschen weniger werden und hoffen, daß sie nicht erschossen sind. wir alle halten uns eigentlich an den händen. wir werden uns bis heute abend um zwölf an den händen halten. man weiß ja nie. heute abend um zwölf müssen wir zurück sein. ein glück. wir wüßten sonst gar nicht, wann wir die bewohner hinter der schlange allein lassen könnten. können wir die bewohner allein lassen? wir können nicht. wir gehen tapfer in diesen raum hier und kämpfen. mit der macht. die macht des raumes. der mann hinter mir erklärt einer frau, die ähnlich gedrungener gestalt ist, daß wir noch nicht dran sind. er fragt erst mich, dann einen herrn hinter ihm, wieviel geld denn umzutauschen sei. nachdem ich nicht geantwortet habe, wirft er blicke: erst auf mich, dann auf seine frau, dann auf den herrn hinter ihm. wenn er an der reihe ist, wird er keine blicke mehr werfen, weiß ich. mich freut, daß der mann dem grenzpolizisten keine blicke zuwerfen wird. vielleicht denkt er, daß ich ein verkleideter grenzpolizist bin. ich habe nämlich auch nicht bedeutungsvoll geguckt, als eben eine alte frau die schlange wechseln mußte. ich habe auch nicht bedeutungsvoll geguckt, als ein zollbeamter eine thermosflasche durch den raum trug. ich bemühe mich überhaupt, eher unbeteiligt auszusehen. das irritiert den mann. gleich wird er zu mir sagen: mein herr, tun sie nicht so unbeteiligt. sie sind es nicht, mein herr. sie sind es nicht! nein, werde ich sagen, ich bin es nicht. inzwischen werden sich die etwa dreihundert menschen in diesem raum uns zugewandt haben und mit dem mann hinter mir rätseln, ob es grenzpolizisten mit langen gefärbten haaren gibt. die gruppe von bayerischen schülern etwa, die der lehrerin nicht glaubt, die etwas über die menschen hinter den türen vor der schlange erzählt, sie unterbrechen sie mit witzen und der art von bedeutungsvollen blicken, die ich schon von dem aufmerksamen mann hinter mir kenne. die gruppe von jüngeren sozialdemokraten etwa, deren mitglieder alle ein oder mehrere druckerzeugnisse in der hand halten, auf die diskussion mit den staatsorganen wohl gespannt. die nicht sehr gut gekleideten, mit tüten und kartons bepackten gastarbeiter etwa, die sich ein bißchen wundern über leute, die so viel aufhebens machen um etwas, das sie nicht ändern können, sie schieben, wenn sie einen schritt vorwärts gehen, die kartons diesen schritt weiter. der raum ist gefüllt mit schnurren von kartons, mit dem schweigen der dreihundert und dem kaffeegeruch. die bayerischen schüler wissen, was sie wollen. die damen und herren mit den druckerzeugnissen sind erwartungsfroh. die ausländischen arbeitnehmer haben ihr geld gut angelegt. die thermoskanne des zollbeamten ist nicht ausgelaufen. ich sehe sie auf dem tresen, an dem ich meine tasche leerräume. der mann wird sich nicht von seiner frau getrennt haben wollen hinter mir, er wird laut rufen, als sich eine tür schließt, hinter der er entgegen allen augenscheins in einer großen bewegung seines gemüts doch noch immer seine frau vermutet. angespannt kommt die frau nach einer halben minute aus dieser tür, der mann kann die qualen nur ahnen. ich sehe es, als ich mich noch einmal umdrehe. dann trete ich hinaus.

SO WURDE AUS DEM HUND EIN MUND

Ein Sprachspielbuch von Franz Fühmann

Fünf Kinder im Urlaub spielen, dann sind alle Spiele aus, es regnet, niemandem fällt etwas ein: eine klassische Kinderbuchsituation. Jetzt fängt der Autor gewöhnlich an, irgend jemanden herbeizuzaubern oder läßt jemanden fliegen oder verschwinden (eine abenteuerliche Suche beginnt) oder ähnlich »Kindgemäßes«. Hier, in diesem Buch, geschieht von alledem nur ein bißchen, und ich glaube, auch eher als Zugeständnis an die kindliche Seele. Von der Fühmann allerdings nicht allzuviel zu halten scheint: Die Kinder in seinem Text wollen vor allem Beatmusik hören (ein Ausdruck, der nun auch schon zwanzig Jahre alt ist) und sagen immer Wörter wie »blöd« oder »Leute!« oder »Mensch!«. Ansonsten sagen sie wenig, nein, sie »jubeln« oder »raten jemandem« oder »fahren jemanden an« oder »quasseln« – wie lebensnah! Schade sind diese altmodischen Wendungen hier besonders, weil dieses Buch von Sprache handelt.

Was die Kinder nämlich an besagtem Regentag anfangen, sind Sprachspiele: Finde Wörter mit nur einem a und keinem andern Vokal, finde Wörter mit zwei a und so weiter; sie entdecken Wörter wie »Marktkram« (geht vorwärts und rückwärts zu lesen); sie fangen an, über die entdeckten Wörter Geschichten zu erfinden, versuchen sich am Basteln ganzer Sprachen (einschließlich der Geheimsprachen, die mich, seit ich Kind war, faszinieren – und erst langsam entdecke ich, daß die Literatur eine ist) und sind überhaupt so phantasievoll, daß gleich noch Prominente wie Arthur Schopenhauer, Johann Gottfried Herder, Wilhelm von Humboldt, Karl Marx und Friedrich Engels erscheinen und helfen.

Die Kinder nehmen Sportberichte wörtlich, woraufhin in irgendwelchen Toren riesige Pfeifen erscheinen und große Spieße von irgendwelchen Fußballspielern genommen werden und umgedreht. Sie überlegen sich, was für Wörter andere Wörter in sich haben (Traum-Raum und so), und sie erzählen sich die Geschichte von der Maus und dem Hund, die die Köpfe tauschen wollten: da fragt nämlich die Maus: »Lieber Hund, möchtest du gern der Hund von Franz Josef Strauß sein?« Und da schüttelt der Hund so entsetzt den Kopf, daß er ihm von den Schultern fällt und sie also die Köpfe tauschen können; so wurde aus dem Hund ein Mund und aus der Maus ein Haus.

Neben Gedichten von Greßmann, Rimbaud, Brecht, Homer, Goethe, Morgenstern und anderen, neben dem Kennenlernen von Kuchenwäldern, Homonymen und dem Ordnen von Sprachen, neben all dem steht auch eine schöne und ganz kluge und einprägsame, einfache Erklärung des Unterschiedes zwischen wissenschaftlicher und künstlerischer Weltbewältigung: Am Beispiel der Bibel. Die Bibel, so erklärt Fühmann seinen Leserkindern, stellt die Welt in Bildern dar; sie kann sie nicht erklären, aber als poetisches Zeugnis einer vergangenen Epoche kann sie auch uns – wie das jede Kunst kann – etwas zeigen und begreifbar machen: Auf künstlerischem Wege eben und mit der Weisheit, die Leuten darin und damit zur Verfügung steht. Angewandt auf Fühmanns Buch (verzeihen Sie die Unbescheidenheit gegenüber der Bibel) heißt das aber, daß Fühmann selbst noch nicht ganz das machen kann, von dem er weiß: Sein Buch nämlich handelt vor allem von wissenschaftlichen Erkenntnissen; die Handlung ist nur eine »Umsetzung« von Wissenschaft in Kunst. Ich habe das sehr gern gelesen und viel gelernt; aber was Kunst ausmacht: das Umfassende, das nicht in anderen Worten als eben diesen Beschreibbare – das fehlt hier. Und das ist es, was ich mit Unterschätzung der kindlichen Seele meinte; aber vielleicht ist es gut für dieses Buch.

Auf Seite zweihundertachtundvierzig spielen die Kinder ein Spiel, das heißt: »Vor der Tür steht ein Türke«, und als Beispiel sagt Monica: »Vor der Bank steht ein Bankier«, und Jens: »Die gibt's doch nicht mehr!«, und Gabi: »Dafür ist's doch ein Spiel«. Unter anderem die Bankiers hier machen, daß das Buch in der BRD fast das Dreifache kostet von seinem DDR-Preis, obwohl es in der DDR gedruckt ist und nur ein neuer Umschlag drum. Der einzige Unterschied im Text ist, daß der Vorsatz auf der ersten Seite fehlt: »Der Kinderbibliothek

Suhl gewidmet.« Wir sollten das Buch jetzt schon kaufen, damit wir's zu Weihnachten durchhaben und verschenken können.

Franz Fühmann: Die dampfenden Hälse der Pferde im Turm von Babel. Verlag Huber, CH-Frauenfeld 1982, 351 Seiten

EHRENWORT – ICH WILL NIE WIEDER DICHTEN

Neue Erzählungen von Helga Königsdorf

Die deutschsprachige Frauenliteratur wird in der DDR gemacht. Wobei: Frauenliteratur ist hier nicht Literatur, die von Frauen handelt. Frauenliteratur ist die, die von Frauen gemacht wird: Dies ist ein Unterschied. Den Kapitalismus werden die Kapitalisten notwendig nur ausschnitthaft erfassen, und die Welt wird am besten von denen beschrieben, die am wenigsten von ihr haben: noch.

Kein Zufall, daß die drei bedeutendsten Prosaautoren der DDR Frauen sind: Morgner, Reimann, Wolf. Jetzt kommen da noch Königsdorf, Lewin, Martin, Morgenstern, Müller, Schubert, Schütz, Wolter, Zeplin.

»Ehrenwort – ich will nie wieder dichten«, verspricht der Titel der ersten Erzählung des zweiten Bandes der Autorin Helga Königsdorf. Ironisch wie schon in der ersten Sammlung ist hier die Haltung; geschildert werden die Reaktionen auf jemanden, der plötzlich verrückt wird: auf jemanden, der schreibt. Königsdorf selbst war erst 42 Jahre lang Mathematikerin bis »Meine ungehörigen Träume« erschien. Das war damals die in ihren Tönen heitere Sammlung von Begebenheiten aus dem Geschlechts- und aus dem Berufsleben von Frauen und Mathematikern. Königsdorf hat dort immer eine Wissenschaftlergeschichte einer Geschlechtergeschichte folgen lassen. Das steht so hübsch nebeneinander. Die Bezüge waren klar: Königsdorf ist Wissenschaftler, und sie ist eine Frau.

Auch der zweite Band scheint so aufgebaut zu sein: Geschlechtergeschichten mit ein bißchen phantastischen Mitteln (Krokodile fressen überflüssige Männer); und dann die Geschichten um Zustände in irgendwelchen Instituten irgendwelcher Universitäten.

Ein erstes Indiz, daß da etwas anders geworden ist, gibt die Abteilung »Wenn ich groß bin, werde ich Bergsteiger«. Hier sind Bruchstücke von Kindheit gesammelt, und sie sind kaum die Erfahrungen nur eines Mädchens: Es sind die eines Kindes (in der Titelerzählung der Anthologie »Das Kostüm«, Aufbau 1982, hat kürzlich Irmtraud Morgner das vorgeführt: daß ein Kind nicht geschlechtsspezifisch fühlt, sich auch weigert, so dumm zu denken wie die Großen). Hier ist der Prozeß zum Thema geworden, der uns alle zu Mitgliedern der jeweiligen Gesellschaft macht, die wir vorfinden, wenn wir so anfangen zu leben. Behandelt werden – in ganz kleinen, ganz unauffälligen Beispielen – Vorgänge, die uns einpassen. Uns wird mitgeteilt das, was passiert, und das, was das Ich darüber denkt, und das, was es darüber zu hören bekommt. Mitgeteilt wird, wie beschädigt wir sind: beschädigt an etwas nicht Unberührtem in uns, aber an etwas, das es geben könnte.

Und ich lese weiter, und plötzlich kommt es mir vor,

als gingen die neuen Stücke hier langsam weg von der souveränen Haltung und würden verletzbarer, unsicherer im schönen Sinne. Königsdorf ist nie fertig mit etwas (gute Literatur ist vorsichtig). Souveränität ist jetzt fast schon vorausgesetzt, da ist keine Klage mehr, und Königsdorf gibt sich nicht mit Sachen ab, die nicht über Literatur geändert werden können: mit irgendwelchen Schlangen vor irgendwelchen Läden etwa. Hier ist die Rede von den Sitten des Landes. Die Erzählungen von Königsdorf beschreiben die Anstrengung, neu zu werden und das Schöne an ihr.

Ganz klar ist mir das geworden, als ich den Text »Der Operationssaal« las. Er ist einer der von Königsdorf selbst ironisch genannten »zentnerschweren Träume« – ein Scherz, der durch die Geschichten zurückgenommen wird. Im »Operationssaal« liegt der Ich-Erzähler auf dem Operationstisch. Die so sehr bekannten Menschen, die Kollegen aus dem Institut, das wir aus den vorigen Geschichten auch des ersten Bandes kennen, diese Menschen wollen wohl den Ich-Erzähler (dessen Geschlecht nicht deutlich wird, aber wohl als weiblich genommen werden muß) operieren. Eine seltsame Stimmung von Bedrohung, von Verantwortungslosigkeit im Wortsinne gibt es da: »Jeder weiß, daß der Stellvertreter nichts weiß (...) Es steht ernst um Dich, sagt er zu mir. Wir werden einen tiefen Schnitt machen müssen. Du hast doch Vertrauen?«

Die sonst so heiter-kühl gezeichnete Hierarchie des Wissenschaftsbetriebes wird in den Träumen zur Existenzbedrohung.

Souverän sein ist schwere Arbeit.

»Wäre es möglich, daß niemand hier Mitleid mit mir hat?« – die Erzählungen, die weiter folgen, geben wieder das übliche Königsdorf-Schema: etwas über den Wissenschaftsbetrieb, etwas über Liebhaber. Aber wir lesen es anders. Wir blättern zurück und lesen nochmal und haben etwas verstanden.

Helga Königsdorf: Der Lauf der Dinge. Geschichten. Aufbau-Verlag, Berlin 1983, 200 Seiten.

ÜBER SCHLAGER IN DER DDR

Es ist sehr schwierig, über etwas zu schreiben, von dem die meisten Leser noch nie etwas gehört haben. Ich werde vieles erklären müssen, das mir selbstverständlich ist; und weil mir vieles selbstverständlich ist, werde ich vielleicht die wichtigsten Sachen vergessen. Ich schreibe als jemand, der DDR-Radio hört, wenn er Radio hört. Mehr weiß ich auch nicht, nur ein bißchen Tratsch noch und einen kleinen Eindruck davon, wie Leute das hören.

1

Bis in die 60er Jahre kümmerte sich hier (in der DDR) niemand um Schlager. Die Grenze war offen, die Jongleure in den Tanzbars kamen aus Hannover nach Magdeburg, die Schlager kamen von allen Sendern gleichermaßen. Für eigne gab's kein Geld. Aber irgendwann merkte jemand, daß mit Texten viel zu machen war. Irgendwann merkte jemand, daß mit den Texten viel gemacht wurde. Irgendwann merkte jemand, daß die Texte alt waren. Daß die Texte alt waren, auch wenn sie grade erst entstanden waren (denn es gab ja Schlagertexter in der DDR). Die Texte paßten nicht mehr zum Land.

1960 gab es die erste Tanzmusikkonferenz vom Komponistenverband und den Kultur-Leuten bei Staat, Betrieb und Rundfunk. Die Texte sollten, sagten sie, neu sein und die Musik anspruchsvoller, und die Leute sollten merken, woher ein Schlager käme. Die Leute sollten anfangen, Musik zu hören und zu machen, die zur DDR paßte. Es gab die 60/40-Regelung: Im Radio und auf Veranstaltungen sechzig Prozent DDR-Musik und vierzig Prozent Musik aus dem KA (kapitalistischen Ausland).

Woher aber die sechzig Prozent nehmen? Wie plant man Musik? Die Schlagermacher waren faul und sind es heute noch. Sie machen gerne mal 'ne Musik, bei der es nicht so drauf ankommt. Siebzig Prozent der Plattenproduktion sind sogenannte Tagesschlager. Tagesschlager »werden von einer kleinen Zahl von oft schon seit Jahren hier wirkenden Autoren« gemacht, schreibt der Musikwissenschaftler Peter Wicke in der Fachzeitschrift »Unterhaltungskunst«. Und eben diese wenigen sind offenbar schlicht und einfach zufrieden mit sich.

In den 60er Jahren gab es eine kurze Zeit, in der DDR-Schlager wie »Unsere LPG hat hundert Gänse« die Lösung schienen. Und auch heute noch gibt es Schlager, die sich des Grenzschutzes annehmen. Aber hier war der Unterschied zwischen Hörererwartung und Schlagerangebot zu groß. Es gab viele Witze zu diesem Problem, so z. B. für den Bereich Film: »Hab heute 'nen Film gesehn, hieß ›Heiße Küsse‹. Erst hamse sich fünf Minuten heiß geküßt, und dann hamse anderthalb Stunden den Sozialismus aufgebaut.«

Die Leute waren und sind es oft zufrieden, wenn Vertrautes aus dem Radio kommt beim Aufstehn morgens. Wenn der DDR-Rundfunk gehört werden will, muß er darauf reagieren.

Aber wenn die Leute eher etwas Weltfremdes wollen, etwas mit unbestimmter Sehnsucht und nur zwei Leuten, und wenn gerade das eben Schlager ist: Kann es dann einen DDR-Schlager überhaupt geben? Kann es intelligente Dummheit geben?

Die Frage ist so nicht zu lösen. Es werden jedenfalls Schlager gemacht, und es ist faszinierend zu sehen, wie auch die Schlager andere geworden sind nach dreißig Jahren anderem Leben. Es gibt Veränderungen, die die Leute selbst gar nicht bemerken. Die Texte werden nicht plötzlich anders. Sie werden hier und da offener, plötzlich hat der Angesungene einen Beruf oder ein Mann ist zu mackerig; das schleicht sich so ein, das kommt leise, nicht mehr gewollt. Die Musik wird von Leuten gemacht, die nicht nur Schlager machen: Die Sänger haben eine Ausbildung an Musikhochschulen hinter sich, die Hörer haben dreißig Jahre DDR hinter sich. Das Rundfunk-Jugendstudio DT64 spielt Titel, die auch im Schlagermagazin laufen; Gaby Rückert nimmt ihre Titel mit Rockmusikern auf, und oft ist nicht mehr zu entscheiden, ob da gerade ein Schlagersänger Rockmusik macht oder ein Rockmusiker Schlager oder Chanson oder Lied.

Für den Schlager ist diese Entwicklung wunderbar. Für die Rockmusik, finde ich, nicht: Anfang der 70er Jahre war sie mal bluesmäßiger oder freejazzig oder elektronisch, und die Schlager hatten noch Hall und Sonne und Schubiduuh. Jetzt klingt das alles ähnlicher, und Uschi Brüning gehört seit knapp zehn Jahren eben auch (neben anderen Sachen, die sie macht) in die Schlagerreihe.

Im übrigen: Das Land ist klein. Autoren und Texter gibt es zwei Handvoll, und es ist überhaupt verblüffend, daß sie seit fünfzehn Jahren vernünftige deutsche Texte bieten. Und wer nicht grad bei Dieter Schneider schreiben läßt, hat eben als Schlagermensch dieselben Autoren wie die Rockgruppen und Liedermacher. Andererseits: viele sind das nicht, und neue Sänger wollen neue Texte.

2

Jemand studiert an einer Musikhochschule. Irgendwie ist ihm das mit den Opern und Konzerten zu blöd oder er schafft es nicht, und er spezialisiert sich auf Schlagergesang. Er bekommt Unterricht in Bewegung, Studiotechnik, Betriebswirtschaft (wie arbeitet eine Konzert- und Gastspieldirektion?) und so weiter. Oder er macht bei Talentwettbewerben des Rundfunks mit und beginnt erst danach mit dieser Ausbildung. Jedenfalls ist er irgendwann fertig und kriegt Arbeit in den Programmen der jeweiligen bezirklichen Konzert- und Gastspieldirektionen. Das ist ein Büro, das jeden mit Musik versorgt, der bezahlen kann. Das sind in der DDR große Betriebe und ihre Betriebsfeiern (da werden ganze Theaterproduktionen gemietet oder Revuen gekauft), dann Kulturhäuser, die ein bestimmtes Gebiet mit eben dieser versorgen, und gesellschaftliche Organisationen (zum ›Tag des Eisenbahners‹ ein bunter Abend). Diese Veranstalter können auch ganze Programme mieten. Programme, die meist von den bezirklichen Kulturhäusern eingerichtet werden. Unser Jemand ist also im Moment bei einem bezirklichen Komitee für Unterhaltungskunst fest angestellt. Er kann von ihm einzeln vermittelt werden (was am Anfang ungewöhnlich ist, da ihn ja niemand kennt) oder in ein Programm eingebaut werden. Insofern geht es auch schnell mit der Karriere. Es gibt Arbeit und es gibt Publikum. Jetzt bleibt bloß noch die Frage, ob er irgendwann auch mal etwas anderes machen kann.

Darauf kann man ihm erst mal nur sagen: Du tingelst. Du tingelst Jahr um Jahr. Jürgen Walter war in irgendwelchen afrikanischen Nachtbars, er war in befreundeten Ländern, um ihnen Unterhaltung zu zeigen, und er war in ganz fernen Ländern, um die DDR zu vertreten. Er war in den kleinsten Tanzlokalen, und davon gibt es viele. Ein paar werden dann wieder Romanist oder Zahnarzt oder Wirtschaftskaufmann, weil ihnen das Tingeln auf die Dauer zu blöd ist.

Aber vielleicht trittst du irgendwann mal im Fernsehn auf. Vielleicht bringst du das eine Lied aus dem Westen so gut (und die Originalaufnahme wurde vielleicht nicht gekauft, weil sie zu teuer war, und so kennen die Leute das Lied nur durch dich). Oder du machst mal ’ne Single.

Es gibt in der DDR eine Plattenfirma, aber die Kapazitäten werden größer, und du machst vielleicht auch eine LP. Jetzt kriegst du mehr Platz in den Programmen. Vielleicht wird, wenn du Glück hast, ein Texter auf dich aufmerksam oder ein Musiker, und er sagt: »Deine Stimme, wie du ›Woman In Love‹ gesungen hast oder sonstwas, das könnte was werden.« Und er schreibt etwas für dich.

Er hat die besseren Verbindungen als du, und so kommst du jetzt zu einer ersten Rundfunkaufnahme oder eben zu einer Single. Du fährst irgendwann das erste Mal zum Interpretenwettbewerb, den es jedes Jahr gibt, und kriegst vielleicht einen Förderpreis. Jetzt arbeitest du mit Leuten zusammen, die sich nur um dich kümmern. Und wenn du jetzt sehr gut bist, kriegst du einen Exklusivvertrag mit dem Zentralen Komitee für Unterhaltungskunst in Berlin. So einen Vertrag haben in der DDR ungefähr zwanzig Leute.

Als Frank Schöbel Schlagersänger wurde, brauchte er sieben Jahre bis zur ersten LP. Dann machte er aber auch gleich jedes Jahr eine, bis heute. Manchmal gibt's von tollen Leuten keine Platten oder zuwenig (Uschi Brüning), manchmal werden LPs mit dem letzten Mist aufgefüllt, damit sie überhaupt voll werden (Gerd Christian), und manchmal muß eine LP zu neunzig Prozent wieder eingestampft werden (Dagmar Frederik).

Uschi Brüning singt viele englische Sachen, und da dachten die von Amiga (der Plattenfirma) immer, was Nachgesungenes nehmen wir nicht extra auf, und haben nicht gemerkt, daß da jemand war mit einer Stimme zwischen Al Jarreau und Carole King; daß da jemand Eigenes anbietet über fremdes Material. Mitte 82 ist dann endlich, nachdem sie das schon fünfzehn Jahre gesungen hatte, eine Platte von Uschi mit englischen Titeln produziert worden, extra für sie bearbeitet und eingerichtet.

Und irgendwann bist du also jemand, der sich die Dauerwelle abschneidet und eine LP macht, hinter der er steht. Und du brauchst kein Image zu haben. Jeder wird sich freuen, wenn du was mit Jazz machst (anders als bei Gitte oder Caterina Valente). Dann bleibt zwar immer noch die Frage, ob das ausgerechnet die Eisenbahner sind mit ihren Betriebsfeiern, aber zumindest gibt es niemanden, der darauf achtet, daß nur Fotos veröffentlicht werden, auf denen du so aussiehst wie das Mädchen nebenan oder leicht mürrisch oder sonstwie.

Den Sachen nach zu urteilen, die im Umlauf sind, setzt Frank Schöbel jetzt nicht nur ein bißchen Fett an und ist nicht ein bißchen intelligenter als die Lieder, die er macht, nein, er ist wirklich so sonnyboymäßig, wie er präsentiert wird. Er scheint sich wirklich den Leuten verbunden zu fühlen, wenn er sie trifft, und er muß wirklich lachen, wenn er auf Fotos lacht. Ich finde es wichtig, das festzustellen. Eine Atmosphäre von Freundlichkeit in einem Land scheint Schicksale wie das von Rex Gildo verhindern zu können.

Aber vielleicht hat unser Jemand auch Erfolg und wird nicht fertig damit. Vielleicht wurde es ihm leichtgemacht, und er hat sich daran gewöhnt. Wenn er ins Ausland kommt, hat er vielleicht verlernt, die Unterschiede zu sehen. Vielleicht sieht er die Kollegen in dem andern Land mit der ähnlichen Sprache irgendwelche Autos fahren und hat so eins nicht. Vielleicht erscheint ihm sein Erfolg zufällig, weil er selbst nicht viel gemacht hat. Vielleicht vergißt er es auch, so wie Erwachsene vergessen, wie es als Kind war. Jedenfalls geht immer mal wer in den Westen. Die meisten haben nicht gelernt, sich zu wehren, und so überleben sie das Geschäft im Westen nicht. Nur in der DDR werden ihre alten Sachen gehört, immer noch.

Die Welt in den Schlagern ist klein. Die Welt ist so klein, wie es das Westfernsehn vormacht. Die Welt im Schlager wird nur langsam anders. Chris Wallasch vom Fernsehn sagt immer mal die Berufe mit an von denen, die gleich singen, aber das, was gesungen wird, könnte auch ein Rentner singen. Wir sehen: Selbstlauf ist bürgerlich. Wenn wir nicht aufpassen, fangen die Schlagersänger wirklich an zu glauben, sie seien nicht von dieser Welt, obwohl sie in ihren Zeitungen über Berufsethos diskutieren und bei Solidaritätsveranstaltungen mitmachen.

Sie alle vereint, was sie nicht wollen: Der Jürgen-Erbe-Chor will mehr als »Dab-du-dei« aus dem Hintergrund machen; Regina Thoss (die Kulturpreisträgerin des Freien Deutschen Gewerkschaftsbundes ist) will keine Texte, die sie nicht mitfühlen kann; Monika Herz möchte nicht nur eine Sorte Lieder singen; Zsuzsa Koncz möchte nicht oberflächlich sein; Aurora Lacasa will nicht nur leichte Erfolge; Thomas Lück möchte seine Fähigkeiten auch auf anderen Gebieten als dem des humorvollen Schlagers testen; Ingrid Raack möchte ihre Stimme mehr zur Geltung bringen; Dean Reed möchte ein Repertoire, das so breit, so reich und farbig ist wie das Leben selbst; Michael Hansen will eigene Ausdrucksformen finden; Hansjürgen Beyer möchte ein paar Farben mehr und Abwechslung hier und da.

Und was wird draus?

3

Kleines Lexikon des DDR-Schlagers

Gerd Christian und Holger Biege: Holger und Gerd Christian sind ein Paar. Ein Bruderpaar. Holger komponiert und tritt mit Klavier auf und singt sehr lange Balladen über Umweltschutz und Selbstverwirklichung und so (Texter Fred Gertz, einer der Schreiber mit dem kleinen Tick »Anspruch« in der Sparte). Was Holger nicht so gut gelingt, gibt er seinem Bruder. Der deckt dann das Feld ab mit den gefühlvollen Sachen und den Mitklatschnummern. Ihre Stimmen sind nicht zu unterscheiden; aber wenn einer von ihnen im Radio kommt, weiß man gleich, von wem der Titel ist.

Uschi Brüning: Uschi, sagt sie von sich in einem Konzert, »krepelt so durch die Republik«. Uschi hat es nicht einfach. Uschi hat Stimme. Uschi ist die Jazzsängerin des Landes. Im Rundfunk und im Fernsehn singt sie aber Schlager. Ihre Schlager sind besser als die allermeisten um sie rum, aber es sind doch Schlager. Wenn sie mit einem Schlager im Fernsehn auftritt, vergißt sie immer den Text. Und schön bewegen wie die Fernsehballettmäuse kann sie sich auch nicht. Aber wenn sie wirklich singt, und das hört man auch schon auf den Platten, dann macht sie etwas, das keiner sonst kann. Ansonsten betont sie immer, daß sie Schlager mag. Das betont sie vor allem im Rundfunk. Und fährt mit ihren drei Männern von der Band durch die Republik und ist sehr souverän und witzig.

Marlène Charrell: Marlène tanzt nicht nur auf CDU-Parteitagen, sondern auch im DDR-Fernsehn.

Peter Czerny: Peter macht auf alltagsnah. Er singt von sich als Taxifahrer, so mit »malochen« und »rauchen« und »Karre« und »nettem Mädchen am Wegesrand« und »aber doch verloben«; und als er fertig ist, sagt einmal ein Rundfunkmoderator: »Jetzt braucht er sich bloß noch das Rauchen abzugewöhnen, dann ist alles okay.«

DT64: DT64 ist das Vorbild für alle entsprechenden Rundfunksendungen der Westsender. Entstanden ist es zum Deutschlandtreffen 1964 als Jugendprojekt des Berliner Rundfunks (Jugendprojekt heißt, daß die jungen Leute in einem Betrieb für einen bestimmten Bereich allein verantwortlich sind; gibt es in jedem DDR-Betrieb). Es läuft jeden Nachmittag drei Stunden und abends noch mal drei, ein Drittel Wort, zwei Drittel Musik, Wertungssendung, Gastmoderation und -redaktion von Hörern, jede Woche Chansonecke und Rock historisch und übers Instrumentarium der Popmusik und Technik und Sexualität und und: ein Vorbild eben.

Katja Ebstein: Katja ist viel im Land. Ihre Schlager sind so seltsam lebensnah, und Rosen und Büros und andre Frauen gibts auch hier. Als Katja ein paarmal zuviel bei Holger (Biege) anruft und ihm ein paarmal zuviel erzählt, wie toll die Plattenverträge sind in dem andern Land, wird sie nicht mehr soviel eingeladen.

Dagmar Frederik: Dagmar ist spezialisiert auf Partnergesang und heiratet sie jeweils. Ihr jetziger ist Peter Wieland und ist groß und stark. Sie selbst ist blond, klein, zierlich, fröhlich (in einem Sketch treten sie als Vater und Sohn auf). Dagmar macht Musik, die getrost in den Wunschsendungen für die Feierabendheime gespielt werden kann. Und wird. Aber die macht sie perfekt, mit ganz, ganz leichtem Augenzwinkern. Neuerdings moderiert sie eine Sendung über Kinomusiken und muß einmal wunderschön lachen, als sie Günther Fischer fragt, ob er schon mal 'ne Kinomusik gemacht hat, und es seine dreiundneunzigste ist.

Norbert Gebhardt: Norbert beteiligte sich an einer Diskussion um Berufsethos und schrieb: »Gerade unter unseren Verhältnissen muß Schlager keineswegs zwangsläufig in Kitsch, Klischee und Selbstaufgabe münden.« Norbert macht dabei eine einfach unsägliche Musik (falls wir das so nennen wollen), und das ist das Problem. Was passiert, wenn die Kitschproduzenten das Allerbeste wollen? Was passiert, wenn einer ehrlich ist und schlecht? Was passiert, wenn alle ein bißchen recht haben. Die, die unrecht haben, haben eben auch ein bißchen recht, aus ihrer Sicht: hier, wo alle mitarbeiten und das Beste wollen und sich anstrengen. Norbert: »Das Ergebnis allein entscheidet. Aber wer sagt denn, daß es so schlecht sei?«

Helga Hahnemann: Helga ist Schauspielerin und arbeitet als Moderatorin und in Komödien (gelinde gesagt). Helga moderiert Schlagersendungen in Rundfunk und Fernsehen. Das Tolle an ihr ist: hinter den ganzen Witzchen und lauten Rufen in die Kamera und dem Stimmeverstellen und so blinkt immer mal zwischendurch eine Frau durch, die uns sagt: Ihr wißt ja, das hier ist jetzt schrecklich komisch und es muß wohl so sein, aber zu Hause laß ich auch immer meine Erbsen anbrennen und ärgere mich auch bloß drüber, ganz ohne Schnee. Auf einem Foto in der »FF dabei« (der Fernsehzeitung) sitzt sie auf irgendeiner Sitzung und ist plötzlich eine Frau, die eine Sendung plant. Und sie ist es, und sie darf es zeigen, und in ihren besten Momenten ist sie beides gleichzeitig: wo jede Seite für sich schon sehr gut wäre.

Michael Hansen: Michael ist nichts Besonderes. Das hat er irgendwann gemerkt und drei Damen vom Fernsehballett engagiert. Er reist jetzt mit ihnen (und lebt sicher besser davon als Uschi Brüning, die auch mit drei Männern reist). Die drei Damen heißen jetzt die »Nancys« und tanzen nur für ihn. Auch sie haben übrigens die Ausbildung ihrer Kollegen vom klassischen Fach, ebenso wie Michael. Und jetzt singen Michael und sie zusammen. Das macht die Lieder nicht besser, die Michael sich so schreibt, aber man hat was zu sehn. Auf einem Gastspiel in West-Berlin auf dem Pressefest der »Wahrheit« wurden sie ausgepfiffen. Den Leuten war wohl der Unterschied zu entsprechendem Liedgut der BRD zu klein.

Monika Hauff und Klaus-Dieter Henkler: Monika und Klaus-Dieter sind kein Traumpaar. Sie haben beim Studium gemerkt, daß ihre Stimmen gut zueinander passen, und singen jetzt zusammen. Das ist alles. Kein Schickimicki mit Nichtzugeben, daß sie woanders verheiratet sind und so. Sie singen Sachen auf »eins und / eins und«. Und sie singen Folklore, Country, viele, viele Fremdsprachen, ein bißchen was mit Text, ein bißchen Jazz, und sie sind sehr erfolgreich damit. Sie haben eigene Plakate und können mehr nehmen als das Normhonorar und machen jedes Jahr eine Platte (das ist sehr viel). Sie treten im Nachbarland beim »Blauen Bock« auf und fahren, wie sie sagen, über fünfzigtausend Kilometer rum im Jahr.

Karat: Karat hat früher, unter anderem Namen, komplizierte Balladen mit starkem Jazz-Einfluß gemacht und behauptet heute, Rock zu spielen. Ihr Friedenslied »Der blaue Planet« hatte erst einen Text mit Liebe und so und wurde dann ganz schnell neu besungen, dem Trend folgend. Jetzt wird der Titel vom Rundfunk zum Wecken der Leute benutzt und wir tanzen darauf. Und auch Jürgen Marcus und Peter Maffay singen Titel von ihnen nach.

Renate Krößner: Renate ist Schauspielerin und hat in einem der schönsten DEFA-Filme der letzten Jahre eine Schlagersängerin gespielt. Konrad Wolf hat ihn gedreht, und er beschreibt ein bißchen das, was so im ersten und zweiten Kapitel vorkommt hier: in einer Fachzeitung heißt es: »Es gibt sicher keinen unserer Könner, der nicht nutzlos vertingelte Zeit zu beklagen hätte«. Davon handelt der Film. Renate guckt manchmal, als wolle sie alle umbringen, versucht es dann aber bloß mit sich selbst. Renate hat tolle Augen und keine Stimme. Als »Solo Sunny« (das auch der Titel des Films) singt sie deshalb mit der Stimme von Regine Dobberschütz. Sunny hat in dem Film ganz viel Mut und stillen Witz und Selbstbewußtsein und Weitermachen, und sie braucht es so sehr. Ein Trick bei DEFA-Filmen ist oft, den Hauptdarsteller noch mal in die Kamera gucken zu lassen lang. Renate guckt, sie hat ein neues Engagement und es war alles sehr schwer, und sie muß ein bißchen lachen, weil es nun weitergeht und das Alte nicht zu ende ist und sie schon neu ist und dann denkt sie aber: Also los, jetzt ran, neuer Anfang und so, und hört wieder auf die Abspannmusik.

Aurora Lacasa: Aurora bemüht sich. Ihre Eltern haben im Spanischen Bürgerkrieg gekämpft, auf der richtigen Seite, und sie heißt wirklich so, und sie hat die nun wirklich beste Schlagerautorin, Gisela Steineckert, und es wird doch nichts. »Du und ich, das ist Tannengrün und Hagelschlag«: Oh nein! »Du und ich, das ist ewig wie der Sonnenschein«: Au weia! »... ist in der Kathedrale ein Choral« Peinlich! Dicht vorbei! – Das ist Aurora.

Martina Mai: Martina hat die Cover-Version einer Cover-Version aufgenommen (Cover-Version ist die Neuaufnahme eines Titels mit neuem Interpreten in dessen Landessprache). Martina hat für Amiga »Freu dich bloß nicht zu früh« aufgenommen, und es ist danebengegangen. Dafür war Martina schon im DT-Metronom (Wertungssendung): im Hoffnungslauf, für die Nichtplazierten.

Angelika Mann: Angelika hat Hintergrund gesungen bei Reinhard Lakomy. Reinhard hat dann mit dem Singen aufgehört und ihr seine Band überlassen. Früher wurde ihr immer gesagt: Mausi, mach Musik, soviel du willst in deinen Schülerbands, aber bitte, bitte sing nicht. Jetzt ist sie eine von den Sängerinnen hier. Und singt Schlager. Reinhard war noch Jazzer gewesen, hat mit Günther Fischer für Uschi Brüning geschrieben und Lieder im Gedenken an Hanns Eisler, ganz kompliziert; dann hat er kleinere Lieder gesungen, war schnell erfolgreich mit diesen Sachen ohne Stimme und mit netten Texten. Angelika singt immer noch Titel, die von Jazzmusikern aufgenommen werden. Sie singt bluesig von Kutte, der schon auf dem Standesamt »leicht bunt« war und den sie nachts jetzt immer ausziehn muß, wenn er besoffen nach Hause kommt. Texte von Fred Gertz, einem der besseren (Gertz sagte einmal: »Ja, da hab ich immer so im Radio die Schlager gehört, und hab denn gedacht, ja, das kann ich auch, ne?«). Oder sie singt, daß sie ein Baby will bitte schön, aber ohne Mann dazu. Und ich nehme ihr sogar ab, wenn sie singt: Komm, weil ich dich brauch. Wer kann das schon: sich schwach zeigen, ohne selbstmitleidig zu werden? Angelika Mann.

Achim Mentzel: Achim ist Familienvater und sieht auch so aus. Ich hab mal in einem Restaurant gesessen in der Hauptstadt der DDR, und sie haben einen ganzen Abend lang Hintergrundmusik aus dem Westen gespielt. Und der einzige Titel darunter, der aus der DDR war, war einer mit Achim Mentzel. Das kommt, weil man bei den Titeln von Achim Mentzel so herzlich lachen kann: Kürbisbowle mit ganzen Früchten und so.

Dean Reed: Dean ist US-Amerikaner mit Wohnsitz in der Hauptstadt der DDR. Er hat in allen Kontinenten Filme gedreht und Platten besungen, und er hat sich jetzt wohl zur Ruhe gesetzt, mit vierzig. Er war ein paarmal in Nord- und Lateinamerika im Gefängnis, weil er zu sehr für Freiheit war, und er schreibt jetzt Indianerfilme ab und macht Fernsehshows. Letztere vereinen alles, was die anderen in ihren Shows weggelassen haben. Die Spöttelei über ihn ließ auch nicht auf sich warten, aber: Wie jemand nicht loben, der so dermaßen richtig lag (saß) in der Vergangenheit? Da wird dann immer der gute Wille gelobt und sein früheres Engagement. Wie gesagt, ein Grundproblem: Jemand hat so seltsam recht und unrecht. Die in der DDR sagen immer: Ja, bei euch ist alles einfach, mit Klassenfeind und so.

Maryla Rodowicz: Maryla schaffte es, in Polen eine LP zu besingen mit Schlagern, von denen keiner von der Liebe handelt (auf deutsch hört sich das dann schon anders an: die Nachdichter!). Sie probiert viel Musik aus, sie läßt sich ihre Texte von Leuten aus dem Schriftstellerlexikon schreiben; sie singt leise und ironisch und witzig und laut und überdreht und romantisch. Fotografieren läßt sie sich in Spitzenkleidern und Schlapphüten, und sie färbt sich die Haare. Und es macht nichts.

Gaby Rückert: Gaby ist die mit der Dauerwelle auf ihrer ersten Single, und sie sieht wirklich unmöglich aus damit. Außerdem guckt sie, als würden wir ihr alle ziemlich viel Angst machen. Auf ihrer ersten LP lehnt sie in einer Tür und guckt jetzt in die Kamera, wie sie jemanden ansieht, auf den sie neugierig ist. Der Komponist Thomas Natschinski hat die eine Single gehört und für sie Lieder gemacht, und jedes einzelne wurde ein Hit (eins wurde sogar in der BRD nachgesungen). So was wünscht sich ein Interpret, und es ist ein Glücksfall. Aber es kommt vor. Ein paar Autoren arbeiten mit mehreren Interpreten, ein paar Komponisten geben sich für manche Mühe und für andere nicht; aber es gibt den Idealfall einer durchgearbeiteten LP mit Konzeption, thematischem Zusammenhalt und einer bestimmten Art, die Welt zu sehn. Manchmal ist es auch unangenehm, daß das alles so ehrlich ist bei Gaby, denn es hat auch manchmal zu wenig an Fragen und Tiefe. Aber sie ist immer ganz da, und wir wollen manchmal mittanzen oder -singen oder mehr wissen oder anderes. Und drehn die Platte noch mal um.

Schlagerstudio: Im Schlagerstudio gibt's nicht nur Schlager. Oder andersrum: Alles, was im Schlagerstudio kommt, ist Schlager. Karat ist Schlager und Kurt Demmler, der für Rock- und Schlagerleute schreibt, und wenn er selbst vorträgt (singt wäre übertrieben), ist er wohl Liedermacher. Kurt Demmler also ist auch Schlager. Seit Jahren belegen die Puhdys die Spitzenplätze in der Wertung, in der Finalsendung »Einmal im Jahr« hören wir das leicht Anspruchsvolle, und Andreas Holm, der das fünfte Lied in diesem Jahr zum Thema Geburtstag singt. – Dieses Phänomen heißt »geweiterter Genrebegriff«.

Vera Schneidenbach: Veras erste Platte in der Sowjetunion hatte eine Auflage von zwölf Millionen Stück. Sie war innerhalb weniger Tage vergriffen. Vera war es übrigens auch, die sagte, an Ort und Stelle einen Titel einrichten können für das jeweilige Orchester, so was gehöre eben zum Handwerk. Das zum Stand der Ausbildung.

Frank Schöbel: Frank, »der seinem musikalischen Naturell nach stark auf die 25 zugehen dürfte« (ein DDR-Kritiker), ist der erfolgreichste Schlagersänger hier. Er ist es seit zwanzig Jahren. Er ist außerdem ein fleißiger und erfolgreicher Autor und Komponist für andere. Er bekam als erster Schlagersänger den Nationalpreis und er hat gleich mehrere Titel gesungen, die in der BRD nachgesungen wurden: das ist ungewöhnlich. Seine Platten liegen nie lange im Geschäft, er sieht noch immer aus wie am Anfang (hinreißend), und neulich zum 20jährigen Bühnenjubiläum hat Amiga eine Doppel-LP rausgebracht mit den Höhepunkten aus der Zeit: und das ist nun eine wirkliche Neuheit (Nachauflagen sind selten hier; es gibt soviel Neues).

Hartmut Schulze-Gerlach: Hartmut singt, textet, komponiert, arrangiert und hat Erfolg damit. Hartmut sagte in einem Interview: »Für mich ist der Text unwichtig. Manchmal finde ich es direkt schade, daß man einen Text singen muß. Für mich sind die Melodien das wichtigste. Texte müssen phonetisch klingen.« – Und so sind die Texte denn auch.

Gisela Steineckert: Gisela ist Dichterin. Ab und zu sammelt sie ihre Texte und macht kleine Bändchen draus und veröffentlicht sie. Ich kaufe sie immer, weil sie fast alle schön sind und ich dann mitsingen kann nächstes mal. Und wenn sie vertont sind, hören sie sich auch immer noch nach mehr an. Und wenn Uschi (Brüning) ihre Texte singt, sind sie einfach wunderbar.

Dina Straat: Dina ist auf die berühmte Weltnähe aus. Dina singt ein Lied, in dem eine Mutter ihr Kind, wenn es was will, tröstet: »Am Sonntag da spieln wir, am Sonntag spaziern wir, am Sonntag da haben wir Zeit« (Mut zum Reim!). Das ganze im Dreivierteltakt und mit Dinas Stimme: zu lächeln scheint sie, Dina. Sie will uns einen netten Abend machen. Wahrscheinlich hat ihr mal jemand gesagt, daß sie so nett aussieht beim Lächeln. Oder sie denkt, es gehört dazu, zum Schlager.

Jürgen Walter: Jürgen Walter ist der tollste. Jürgen hat eine Stimme wie ich (was mir Hoffnungen macht), und er singt fantastisch. Er flüstert und haucht und schreit und lacht und macht und tut und ist doch immer derselbe. Er hat den Oktoberklub mitbegründet (der politische Lieder macht) und davor Romanistik studiert (und begleitet jetzt auch die Poppys auf ihrer Tournee) und singt Liebeslieder. Er ist bekanntgeworden mit »Schallali Schallala«, in dem er die verflossenen Lieben besingt: »Wenn wer Geh! sagt – gut, ich geh«. Er badet in der Titelzeile. Er hüpft die Fernsehtreppe runter im Takt, mit einer Hand in der Hosentasche. Er dreht sich um sich selbst kurz, er zwinkert wirklich und muß drüber lachen. Er winkt lächelnd ab, wenn es zum Text paßt, er läßt sich auf der Couch seines Wohnzimmers fotografieren und inszeniert für die Fernsehzuschauer in seinem Heim ein kleines Kaffeetrinken mit der Kamera. Arndt Bause, ein Humptakomponist, kommt für ihn zu ungeahnten Mitteln, Steineckert gibt ihm ihre besten Texte, und Jürgen hat schon drei LPs gemacht inzwischen. Darauf singt er Leute an, die er liebt. Die Leute, die er liebt, haben selten ein Geschlecht, ab und zu einen Sohn und vor allem viel Gefühl. Und ein paar Schwierigkeiten, ganz wie im Leben. Und vor allem: Sie leben in der DDR. Jürgen besingt das Dorf, aus dem er kommt, beschreibt dessen Geschichte, den Hunger, das Gebrauchtwerden, und es sind die einfachsten und gewöhnlichsten Schlagergegenstände plötzlich. Er beschreibt die Angst, älter zu werden: »So langsam wird es Zeit für mich«. Er macht ein Programm mit Sachen von Viktor Jara, und wie er das Mikro hält und trotzdem ganz politisch ist und die Lieder also beides sind: er und die Welt: das ist sehr toll.

4

Meine DDR-Hitparade (alphabetisch)

1. Uschi Brüning, Hochzeitsnacht
»... liebe mich so wie für ewig / doch laß das Morgenlicht herein / in diese Nacht.« Sehr jazziger Titel mit der tollen Stimme von U. B. Amiga 456091

2. Caufner-Schwestern, Laß dieses Hey
Anmache-Abwehr im Disco-Rhythmus. Streng feministisch und tanzbar.

3. Tamara Danz, Ich reiß ihn aus
»… wie eine Laus / und wenns auch bluten tut, bluten tut«. Das Ende einer Zweierbeziehung, glücklich überstanden. Brutal und sehnsüchtig.

4. Regine Dobberschütz, Solo Sunny
Englischer Text, Titelsong zum gleichnamigen Film. Ganz wunderbar.

5. Chris Doerk und Frank Schöbel, Abends in der Stadt

6. Nina Hagen, Wir tanzen Tango
Tut mir leid, aber diese Selbstparodie mit Hagen-Text ist und bleibt einer der tollsten DDR-Schlager. Auf die Hintergrund-Opernstimme achten: Vorwegnahme einer Hagen-Epoche! Amiga 456158

7. Sonja Kehler, Bergarbeiterball in Bitterfeld
Text von Peter Hacks, Musik Andre Asriel. Parodiert liebevoll die Hörgewohnheiten zum Beispiel von Bergarbeitern. Zum Tanzen und Überlegen.

8. Angelika Mann, Na und?
»Warum bin ich noch allein, warum grade ich? … Na und? Soll ich etwa heuln?« Für einsame Stunden. Sehr heilsam.

9. Gerd-Michaelis-Chor, Dieses Jahr
»… ist ein ganz besondres Jahr … ist für alle / für uns alle / ein besonders eindrucksvolles Jahr«: mit viel Hall

und großer Technik aufgenommener Glückwunsch zum 25. Jahrestag der Republik.

10. Gruppe Pankow, Machs gut, Inge Pawelzcyk
Rotziges Lied über eine Eine-Nacht-Beziehung. Der Sänger singt die Zeile »tu Marmelade drauf« (auf ein Brötchen nämlich), als ob er grad sehr, sehr intensiv an Inge Pawelzcyk denkt. Neue Welle, DDR.

11. Maryla Rodowicz, Einmal werde ich Matrose
Verrückte Träume im Stil von Zwanziger-Jahre-Titeln. Dabudab dabudab dabudaahh ... Amiga 456253

12. Gaby Rückert, So ging noch nie die Sonne auf
Beim Refrain mußt du lostanzen, und der Text freut sich über einen, den Gaby erst ein paar Stunden kennt, und dessen Haut ... ach!

5

Beschreibung eines DDR-Schlagers

»Abends in der Stadt« von Chris Doerk und Frank Schöbel

»Abends in der Stadt« von Chris Doerk und Frank Schöbel ist einer der erfolgreichsten DDR-Schlager seiner Zeit gewesen. Er ist von 1969 und hat die damaligen Wettbewerbe gewonnen. Chris Doerk und Frank Schöbel waren das Traumpaar damals, sie hatten Schlagerfilme gemacht und Fernsehshows.

Natürlich viel Hall, Klavierakkorde, allerreinstes Dur, Vierviertеltakt. Beide singen:

Abends in der Stadt gehn die Träume mit uns aus

(Chor: bahbahbahbah bahbahbahbahbah)

Harmonien dicht beieinander: zu zweit sein, ganz nah sein. Hinten Gitarren, ein bißchen Beat. Tanzbar. Aber gefühlvoll.

Gehn durch helle Straßen weit mit uns hinaus

Die Helligkeit des Abends: dunkler Himmel, Autos, die weiten Straßen der frühen Jahre; Schaufenster, Laternen, von Licht zu Licht. Es ist etwas da, von dem wir geträumt haben: die Träume gehen schon mit. Wir machen etwas, das das Kommende schon in sich hat.

Überall erblühn die Bäume schon im warmen Frühlingshauch

Bei Hauch geht's hoch. Wir sind leichtbekleidet, es ist Sommer.

Hier in dieser Stadt wie unsre Liebe auch

Das mit der Liebe, das dachten wir uns ja schon. Und sicher, sie blüht, die Liebe, wie die Bäume, und wie die Träume. Aber sie blüht nicht ganz zuerst: erst ist da die Stadt, in der es passiert. Und so ist die Liebe richtig. Froh und beschwingt jetzt Frank:

Ich sah dich gehen, blieb stehen,

Mut zum Reim!

Und sprach dich dann an

Es war ein Abend, so wie heut

Aha! Die Liebe, so wie die Träume und der Frühling; jetzt Chris:

Kamst mir entgegen, verlegen

Das gehört dazu

Man sah es dir an,

doch irgendwie hat mich das sehr gefreut

Ein bißchen Verzögerung, ein bißchen spielen damit, daß wir längst schon einander wollen: es gehört dazu.

(dadaah)

singt der Chor. Wir fühlen uns wohl, und vielleicht tanzen wir schon. Der Klang ist unvermeidlich fern (Hall) und unvermeidlich nah (Chris und Frank), und es ist viel Leben da: die Straßen sind DDR-Straßen, oder es ist die DDR-Straße, von der wir träumen. Und beim Träumen sind wir aber ganz da und ganz bei Chris und Frank:

Abends in der Stadt gehn die Träume mit uns aus

(bahbahbahbah bahbahbahbahbah)

Denn die Stadt, sie hat bald für uns ein Zuhaus

Mit dem Geld, das die DDR durch die Leute verloren hat, die in den Westen gingen, hätte das Wohnungsbauprogramm der ersten fünfundzwanzig Jahre finanziert werden können.

Wenn wir auch nicht wissen, wo das sein wird

Und auch nicht mal, wann

Binnenreime beachten! – Und bei Wann geht's wieder hoch: macht nichts, Leute. Wir träumen, und wir können träumen, weil ein paar Träume schon da sind und mit uns gehn:

Wir in unsrer Stadt, wir glauben fest daran

Fast schon zuviel gesagt; aber es geht, in diesem Lied. Es stimmt, es ist gut.

Und sind wir beide, wir beide, dann endlich allein

Allein? Liebe ist alleinsein?

Dann tun wir das, was uns gefällt

Warn das bis jetzt keine Sachen, die gefallen? Seltsam.

Und wenn man manchmal am Abend kein Licht bei uns sieht

Was kümmerts uns und was kümmerts die Welt?

Die Sehnsucht, die Liebe, das Träumen: es ist für die Leute. Die Leute träumen nicht sich, sie traumen sich in die Städte. Nur manchmal bilden sie sich ein, daß Sachen allein gehn. Aber in der Stadt, immerhin. Steigerung der Musik, Finale.

Abends in der Stadt gehn die Träume mit uns aus

(Der Text ist vollständig notiert, diese Zeile wird also nur dreimal wiederholt: das ist wenig für einen Schlager, und es reicht, denn sie ist trotzdem drin.)

Gehn durch helle Straßen weit mit uns hinaus

Überall erblühn die Bäume schon im warmen Frühlingshauch

Hier in unsrer Stadt, wie unsre Liebe auch.

Manchmal machen wir noch das Licht aus, und manchmal ist es abends. Aber eigentlich ist es hell.

DER WEG DER BRÖTCHEN IN DEN SOZIALISMUS

Es war einmal ein junger Mann, der fuhr in das schönste Land der Welt. So sehr viel Schönes hatte er aus diesem Land gehört, daß es fast unmöglich schien, noch Neues oder auch nur Erwähnenswertes hinzuzufügen. Aber der junge Mann war sehr entschlossen, es zu tun.

Um nicht mit dem Schwersten anzufangen, um über alles alles sagen zu können, will der junge Mann über Brötchen schreiben: In der DDR ist es nämlich so: Die Hälfte der Brötchen wird in staatlichen und Konsumbäckereien, die andere Hälfte in genossenschaftlichen und privaten Bäckereien gemacht. Die staatlichen schmecken nach Pappe, und die privaten kriegt man nicht. Das Thema also: Der Weg der Brötchen in den Sozialismus.

Als ich ankomme, regnet es. Vom Zug aus der Dom überragt die Stadt. Magdeburg sieht nicht gerade aus wie der aufregendste Ort der Welt: viele Neubauten, ein Meer von Antennen nach Westen hin, die älteren Häuser sehr groß und häuserfarbig.

Magdeburg wird im bisher letzten Weltkrieg zu neun Zehnteln zerstört. Das ungeheure Wohnungsbauprogramm löst die Probleme; Schönheit kommt später.

Magdeburg hat viel Schwerindustrie und eine technische Hochschule.

Das Zentrum ist groß und hell im Stil der fünfziger und in dem der sechziger Jahre, alles ganz großzügig: Platz hatten sie ja.

Ich soll mich bei einem Herrn Meinecke melden. Er geht mit mir zum Gästehaus des Rates des Bezirkes Magdeburg; sehr nobel alles. Hier trifft sich auch die deutsch-deutsche Grenzkommission. Ich bade jeden Tag.

Mein Zimmer ist ein Appartement, in ihm empfangen wir Jürgen Klinke.

Jürgen Klinke ist beim Rat des Bezirkes zuständig für die Getränke- und Backwarenversorgung der zwei Millionen Einwohner. Er ist Mitte vierzig, dicklich, sehr freundlich und offen. Er hat Konditor gelernt, wurde von seinem Betrieb zum Studium delegiert, ist Ingenieur für Ökonomie, arbeitet schließlich beim Staat. Wie man das wird? Man muß es können, sagt er. Man darf keine Westverwandtschaft haben, und vor allem muß man noch mal zur Schule gehen, zur Parteischule. Jetzt ist er Diplomstaatswissenschaftler. Wenn alles gutgeht, denkt keiner an mich. Wenn irgendwo eine Stunde die Produktion ausfällt, werde ich angerufen.

Ich habe mal im DDR-Kabarett »Die Distel« eine Nummer gesehen, da saßen drei, vier Leute in Muschibububeleuchtung und würfelten und trugen die Zahlen in geheimnisvolle Listen ein; das war die Konsumgüterverteilung der Bezirke. Das war Jürgen Klinke. Herr Meinecke übergibt mich.

Herr Klinke wird mich ab jetzt begleiten. Guten Tag, sagt er, wenn wir wo hinkommen, Klinke vom Rat des Bezirkes. Das öffnet alle Türen.

Als erstes besuchen wir das Backwarenkombinat Magdeburg. Kurt Wilke, der Direktor, ist gerade sechzig geworden, alle, die ihn sehen, gratulieren ihm. Kurt Wilke ist klein und hager, und ich glaube ihm, daß er sich durchsetzen kann. Er spricht immer, sachlich und bestimmt; in Magdeburg werden am Tag 2 Mio. Brötchen gemacht, davon macht er 300.000, und das merkt man an seiner Art zu reden.

Sein Zimmer steht voll mit einer Schrankwand, in der eine leere Packung des Weihnachtsstollens kippelt; die wollen sie dieses Jahr neu haben. Auf dem versiegelten Tresor steht ein Wimpel des 1. FC Magdeburg; an den Wänden Auszeichnungen. Wir stoßen auf seinen Geburtstag an; kurz vorher hat er erklärt, daß Alkohol im Betrieb streng verboten ist.

Er erzählt von den Kultur- und Sozialfonds, aus denen Zuschüsse für Kuren, die Arbeiterwohnungsgenossenschaft, Veranstaltungen der Frauenausschüsse, der Deutsch-Sowjetischen Freundschaft, Zuschüsse für Theateranrechte und Sportgeräte im Jugendklub, Präsente bei Eheschließung, silberner und goldener Hochzeit, Jugendweihen und für zeitweilige NVA-Angehörige Geburtstags- und Weihnachtsgeschenke bezahlt werden.

Alle Betriebe jedes Bezirkes stehen miteinander im Wettbewerb um Qualität, Effektivität, Rentabilität. Jeder Bezirk arbeitet eigenverantwortlich; soll ein Ort des

Nachbarbezirkes mitbeliefert werden, wird ein Wirtschaftsvertrag geschlossen.

Mittwochs fährt Jürgen Klinke nach Berlin, um neueste Zahlen zu liefern und zu holen. Als Direktor Wilke auf den Lohnfonds zu sprechen kommt, mit dem er auskommen muß, zeigt er grinsend auf Klinke. Ich begreife, daß der sein Vorgesetzter ist.

Ich gehe mit Klinke durch den Betrieb. Er wird mir später erzählen, daß er weniger Geld verdient als Wilke; der Staat zahlt schlechter als die Wirtschaft. Im Kombinat sind, alle Teilbetriebe eingerechnet, 710 Leute beschäftigt, davon 62 Prozent Frauen.

Um in entlegene Verkaufsstellen Brötchen zu bringen, muß das Kombinat abends um zehn Uhr anfangen, sie zu backen. Wenn sie morgens gegessen werden, sind sie also nicht mehr frisch. Aber dem Kombinat angeschlossen sind auch kleine und mittlere Betriebe, die näher am Verbraucher produzieren.

Wir gehen durch Kühlräume, in denen Teig gelagert wird, und durch stickige Hallen, in denen Maschinen rattern. In einer Ecke eine Frau puhlt die Steine aus Pflaumen. Warum sie hier arbeitet? Sie wohnt um die Ecke. Vorher war sie in einem Oberbekleidungsbetrieb. Wo es schwerer war? Arbeiten muß man überall, sagt sie. Jedenfalls bleibt sie hier, ja ja.

Daß das hier ein Frauenbetrieb ist, heißt, daß Wohnungen, Krippen, Schulen und Arbeit besonders günstig liegen müssen (denn natürlich bringt die Frau das Kind weg). Das Kombinat liegt verkehrsgünstig, so gibt es Zulauf.

Am Anfang der großen Taktstraße kommt vorne der Teig rein, und am Ende kommen die gebackenen Brötchen raus. Das ist sehr praktisch. Zwischendurch stehen dreißig Leute und drücken Knöpfe. Das ist sehr langweilig.

Den Brigadier der dreißig Leute frage ich, warum er nicht privat arbeitet, vielleicht eine eigene Bäckerei? Da wird er fast wütend, ich habe einen wunden Punkt getroffen. Erst vorsichtig, dann richtig laut gegen den Lärm der Brötchenfabrik sagt er: Hier ist alles moderner. Da geht die Sache ruck, zuck. Und was hier rausgeht pro Schicht, das ist abgesichert. Ob ich zehn Prozent mehr oder weniger mache, merke ich erst bei der Jahresendprämie. Wer engagiert sich denn noch. Die Leute gehen nach acht Stunden, fertig.

Ich habe das Gefühl, der Mann ärgert sich über den Fortschritt. Bestimmt verludern die Gewohnheiten, einer Bäckerseele muß Unachtsamkeit weh tun; wer weiß, was er mit den vollautomatischen Bäckern auszustehen hat.

Ein Bäckermeister in der DDR lernt Marxismus-Leninismus, Sozialistisches Recht, Wissenschaftliche Arbeitsorganisation, Maschinenkunde, Lebensmittellehre, Physiologie, Preisgestaltung und Materialökonomie.

Stichwort Preisgestaltung: Egal, wo ein Brötchen hergestellt wurde, der Verbraucher zahlt fünf Pfennig pro Schrippe. Natürlich ist dieser Preis ein Kunstwerk. Er ist in keiner Weise natürlich. Der Bereich örtliche Versorgungswirtschaft des jeweiligen Bezirks hat sein Geld für Subventionen, das verteilt er. Mehr als dieses Minus darf der Betrieb nicht machen, er muß also durchaus wirtschaftlich denken.

Ich sehe Teigmacher, Linienführer, Ofenführer; ich sehe junge und ältere Kollegen. Ich frage eine Frau, ob sie hier gerne arbeitet. Sie lacht. Sie hat den Betrieb nach dem Krieg mit aufgebaut. Sie sagt: Unsere Generation hatte keine sozialpolitischen Maßnahmen. Wir hatten keine Kredite, keine drei bezahlten Jahre fürs Baby, kein Ferienheim und kein Auto. Aber wir haben das alles möglich gemacht, und die Jungen nehmen das hin.

Wir holen den Direktor und gehen in die Kantine.

Auf dem Weg kommt uns eine Gruppe Frauen entgegen; als sie Wilke sehen, rufen sie: Wann geben Sie uns denn einen aus, Direktor? Als er sagt, er würde wohl arm, wenn er allen einen ausgebe, lachen sie laut und sagen: Bei dem Geld? Arm?

Das Essen kommt aus der nahegelegenen Stahlgießerei, man bezahlt 85 Pfennig, es kostet 3 Mark 16. Auch das bezahlt der Kultur- und Sozialfonds.

Als wir fertig sind, hat der Direktor eine Besprechung mit seinem Produktionsdirektor. Es gibt Sahnetorte. Natürlich werde ich gefragt, wie sie schmeckt. Sie schmeckt wirklich gut.

Der Produktionsdirektor ist zuständig für die Rohstoffannahme, -bestellung, -lagerung, für die Koordinierung innerhalb des Kombinats und für das Sortiment, das nach draußen geht. Wird etwa im Bezirk besonders viel Roggen geerntet – der muß ja verbacken werden –, ist er der Ansprechpartner des Betriebes, der die höheren

Zahlen bis zum einzelnen Abnehmer, der Verkaufsstelle, durchsetzen muß.

Ich verstehe von der Besprechung kein Wort. Der Produktionsdirektor ist ein sympathischer, grauhaariger, schusseliger Mann, der immer seine Brille in der Hand hält. Wenn irgendein Problem besprochen wird, lächelt er mich an. Ich tue, als wüßte ich, worum es geht; er weiß, daß es nicht stimmt, ich weiß, daß er es weiß.

Was haben Sie denn nun für einen Eindruck, fragt Wilke, als er die Tür zu seinem Zimmer versiegelt und uns mit seinem Auto zurückfährt. Ich gucke, sage ich, und bin unzufrieden mit mir. Immer fühle ich mich gefordert, etwas zu finden – gut, schlecht, irgendwas. Einmal sagt ein Bäcker: Bei Ihnen ist das bestimmt alles moderner. Was soll ich darauf sagen? Ich war mein Lebtag in noch keiner Backstube. Darum geht es mir auch gar nicht: modern.

Beeindruckend ist die Schrecksekunde, wenn Klinke mich als Westjournalisten vorstellt; beeindruckend die Sekunde danach, in der innerlich die Schultern gezuckt werden und die Leute loslegen: Freundlich, wissend, offen, kalt, an Dinge gewöhnt, lächelnd, kein bißchen spektakulär. Das Naja der Leute hat ein ungeheures Selbstbewußtsein. Die Kraft des Alltags ist bloß die Kraft des Alltags; sie ist das Wichtigste.

Wir fahren zu einer Kaufhalle, in der die Brötchen des Kombinats verkauft werden. Sie versorgt, in der Mitte des Neubaugebiets Reform gelegen, sechzehntausend Menschen. Hundert Leute arbeiten hier, davon 96 Frauen.

Die meisten wohnen selber im Viertel, viele haben deshalb hierher gewechselt. Krippen, Schulen und Kaufhallen wurden in die hohen Häuser gebaut; der Rest kommt jetzt. Sind denn die Leute mit dieser einen Kaufhalle zufrieden? frage ich die Leiterin der Kaufhalle. Ja, sagt sie, das sind sie.

Ich kann das gar nicht glauben. Die Kaufhalle ist wirklich riesig, aber es gibt keine Alternative! Wer ein privates Brötchen essen will, muß in die Stadt fahren. Aber die Backwaren werden dreimal am Tag hierher geliefert.

Ich frage eine Frau, sie verkauft Kuchen, warum sie hier arbeitet. Sie wohnt in der Nähe, war vorher in der Fabrik, es gefällt ihr hier. Ob die Leute unfreundlich sind, wenn es was nicht gibt? Naja, sagt sie, eher merke ich, wenn es was Besonderes gibt, dann freuen sich die Leute. Und das kommt ja immer öfter vor.

Am großen Brötchenkorb stehen zwei Frauen und unterhalten sich. Ob ihnen die Brötchen schmecken, die sie da im Wagen haben? Jaja, sagen beide. Außerdem kommen sie gerade von der Arbeit, die Kaufhalle ist einfach das Bequemste. Ich frage mich, wie man Unzufriedenheit messen kann. Die Leute kommen offenbar zurecht. Da sagt die eine Frau: Manchmal gibt es keine Tüten mehr, und wohin dann mit den Brötchen? Darauf wäre ich nicht gekommen.

Eine Frau sagt, wenn es schnell gehen soll, holt man die Brötchen aus dem Konsum. Man kann sie ja noch mal aufwärmen, das schmeckt auch gut. Wenn ein Bäcker in der Nähe ist, geht man lieber zu dem. Aber soviel sind ja nicht, außerdem das Anstehen vielleicht noch. Aber es gibt dort auch mal Salzbrezeln, mal einen besonderen Kuchen. Die staatlichen fahren da ihre Strecke und fertig.

Wir fahren zu einer PGH, einer Produktionsgenossenschaft Handel; auf der Straße ein Schild der DVZ, der Datenverarbeitungszentrale.

In den fünfziger Jahren, als die Strategie der SED in allen Gebieten auf Verstaatlichung zulief, gründeten viele Bäcker Genossenschaften: so konnten sie vom Staat Hilfe bekommen.

Inzwischen werden keine neuen PGHen (dies der hier gebrauchte Plural) mehr gegründet; der Dienstleistungs- und Reparaturbereich wurde ausgebaut, Änderungsschneidereien und Schuhmacher dürfen jetzt kostendeckende Preise verlangen, und die privaten Bäcker bekommen Zuschüsse wie die Backwarenkombinate, zu denen Ende der siebziger Jahre die einzelnen Betriebe zusammengeschlossen wurden.

Die Backstube der PGH ist klein und übersichtlich. Hier schüttet man das angelieferte Mehl noch selber in die Knetmaschine, die körperliche Belastung ist stärker als in der Fabrik. Aber es geht nicht so auf die Nerven, sagt ein junger Bäcker, den ich frage. Hier weiß man, was man macht.

Vorn in der Verkaufsstelle eine Frau fragt: Ist das Brot auch wirklich frisch? Dabei muß es noch warm sein.

Hier wird das Brot noch mit dem Schlagschieber in den Ofen gefahren, in den Teig wird die Kerbe mit der Hand geschnitten, ein Kipprahmen nimmt gerade die Arbeit des Wendens ab. Aber wer hier arbeitet, hat alle Vorteile einer staatlich geförderten Arbeitsstelle.

Nicht so beim Bäckermeister Hammer, der 4500 Brötchen am Tag macht, dazu 450 Brote und Konditoreiwaren.

Dafür verdient hier ein Bäcker mehr. Interessant ist, daß in der DDR offenbar diese Frage nicht so wichtig ist, daß nun alle ins private Handwerk drängen würden. »Ich möchte keinen mehr vor der Nase haben, der mein richtiger Chef ist«, sagt eine Frau aus der PGH.

Wir sitzen in der Stube von Herrn Hammer, die schweren Möbel zeugen vom Bewußtsein eines Handwerkers; die billig gemachten Schrankwände, die in der DDR so beliebt sind, würde er sich wohl nicht hinstellen.

Meine erste Frage ist, ob er sich hier im Sozialismus, mit Verstaatlichung und so, nicht als Außenseiter fühlt.

Außenseiter, ruft der Bäckermeister Hammer, Außenseiter? Er taucht unter den Tisch, daß ich einen Schreck bekomme, und holt aus der Kommode seine Medaillen und Auszeichnungen. Ich drehe mich um, weil er hinter mich weist, und sehe genau vierzehn Urkunden an der Wand. Früher, ja, früher hatte er es nicht immer so leicht; heute gibt es ja diese Kredite und die Hilfen für Private.

Frau Hammer sagt: Wir haben eine treue Kundschaft, das ist schön. Wenn jemand wegzieht, kommt er oft noch vorbei und sagt: Bei Ihnen schmeckt es doch besser. Und in der Kaufhalle bleibt man eben nicht so leicht stehen und unterhält sich mal.

Übrigens hatte ich genau das gesehen: Leute, die in der

Kaufhalle stehenbleiben und sich mit der Verkäuferin unterhalten.

Frau Hammer war Säuglingsschwester, sie hat den Beruf aufgegeben für ihren Mann. Sie steht morgens um eins mit ihm auf. Wenn er fertig ist, verkauft sie noch mit im Laden. Bei der Steuer gilt sie nicht als Arbeitskraft. Das ist doch eine Gemeinheit, sagt sie, ich verdiene gar nichts. Man sollte sich scheiden lassen, sagt sie und lacht, dann hätte ich auch ein Einkommen wie alle.

Der Laden macht ihr offenbar am meisten Spaß. Hier wird man gelobt, man klatscht und hilft einander. Wir haben keine Schwierigkeiten, Handwerker oder Autoreparaturtermine zu kriegen, sagt sie, ist doch auch ein Vorteil, nicht?

Herr Hammer kniepert immer durch seine Brille, er guckt mich an und scheint zu fragen: Ob der das versteht? Herr Hammer bestreitet, mehr zu verdienen als ein normaler Bäcker. Natürlich glaube ich das nicht, und das sieht Herr Hammer auch. Listig sagt er: Man hat es nicht leicht.

Auch er bekommt Produktionsvorgaben, und wenn er mehr macht, wird vorausgesetzt, daß er auf diesem Stand bleibt. Es wird mit ihm gerechnet.

Dieses Jahr waren sie im Urlaub. Bulgarien für 5000 Mark; denn natürlich sind sie nicht im Freien Deutschen Gewerkschaftsbund, der Ferienheime hat, sie müssen alles selber bezahlen.

Die Leute da reagieren nur auf Westgeld, sagen sie. Man kommt sich blöd vor.

Sie haben fünf Angestellte, einer davon ist ihr jüngster Sohn. Ich frage ihn, warum er bei seinen Eltern lernt. Zufall, sagt er. Er war bei der Reichsbahn und durfte seinen Beruf nicht mehr ausüben; das stellt der Arzt fest. So lernt er noch einmal. Die Backstube bietet sich ja an. Mit der Disko, das ist nicht so einfach, er muß ja um eins nachts zu arbeiten anfangen. Aber man kriegt das schon hin, sagt er lächelnd.

Die Backstube ist klein. Wo sich fünf Leute umziehen, wo sie Pause machen, habe ich nicht gesehen. Ein Lehrling wohnt um die Ecke; wenn er schläft, holt ihn Frau Hammer; auch das ein Vorteil privat.

Zum Abschluß besuchen wir eine Kaufhallenbäckerei. Sie ist wohl die optimale Lösung: eine Bäckerei von fünfzehn Leuten, Teil des Backwarenkombinats, die die Ware zehn Meter weit transportiert und die den Verbrauchern Frische bringt und den Beschäftigten die Vorteile des staatlichen wie die des kleinen Betriebs.

Eine der Frauen, die hier gerade frühstücken, war vorher Kranführerin. Das ist, sagt sie, körperlich weniger anstrengend, aber man muß mehr aufpassen. Ob es jetzt also besser ist, frage ich. Eine andere Kollegin sagt: Bewegung ist immer gut.

Alle haben hierher gewechselt, weil sie in der Nähe wohnen. Ein Bäckermeister bekam einen Auflösungsvertrag, weil der Arbeitsweg nicht zumutbar war vorher. Das hat die Gewerkschaft vermittelt. Der Betrieb wird verpflichtet, drei gleichwertige Arbeitsplätze mit gleicher Bezahlung anzubieten. Hier muß er den Teig wieder selber kneten, das war in der PGH automatisiert. Er ist aber zufrieden.

Alle sind irgendwie zufrieden. Jeden frage ich, ob er tauschen würde. Keiner will.

Wer in der PGH arbeitet, dem ist die große Taktstraße zu langweilig. Wer an der Taktstraße steht und Knöpfchen drückt, der will nicht missen, was der Betrieb ihm bietet. Wer für seinen Meister arbeitet, findet die Atmosphäre angenehm.

Was hatte ich auch erwartet? Die Betriebe haben immer noch zuwenig Arbeitsplätze; wer wechseln will, kriegt immer was. Die große Klage fand nicht statt. Ich stand in den sehr verschiedenen Backstuben, und die Leute waren zufrieden.

Das große Wort der DDR ist: Naja. Das Ferne scheint merkwürdig machbar; was noch nicht ist, wird kommen. Was noch nicht da ist, wird dasein. Eine erstaunliche Haltung.

Alle, mit denen ich gesprochen habe, alle sagen: Fünf Pfennig für eine Schrippe, das ist zuwenig. Wir aasen mit dem Zeug, weil wir es nachgeschmissen kriegen. 73 Pfennig für ein Brot, das ist nicht gut.

Die Leute kaufen sich im Konsum ein Brot und gehen bei Privats vorbei; wenn sie dort noch eins gekriegt haben, schmeißen sie das Konsumbrot weg. Das machen die Preise.

Keiner der Bäcker, ob in der Fabrik, ob in der PGH- oder in der Kaufhallenbäckerei oder Herr und Frau Hammer, keiner findet das in Ordnung.

Sie finden die niedrigen Preise nicht in Ordnung. Sie wissen, daß sie diese Preise ihrem Staat verdanken; sie wissen, was gemeint ist, und finden es gut (wie soll man es sonst finden?). Aber sie sehen, was daraus wird, und sagen: Von zehn Pfennig für ein Brötchen verhungert bei uns keiner. Wir müssen aufpassen, daß wir nicht nachlässig mit dem werden, was wir haben.

Am Schluß stelle ich ihnen immer die berühmte Erika-Runge-Frage: Wenn eine Fee käme und Sie hätten drei Wünsche frei, was würden Sie sich für Ihren Betrieb wünschen? Ich frage das viele Leute, ich frage das auch Jürgen Klinke, meinen Begleiter. Sie alle wünschen sich immer mehr Platz, mehr Material, mal Ananas oder einen kürzeren Weg zum Mehlschleppen. Und immer, bei allen, kommt als dritter Wunsch: daß Frieden bleibt. Daß wir weiter machen können, was wir hier tun. Denn sonst, sagen sie, sonst ist ja alles nichts.

Mir fällt Mathias ein. Ich hatte ihm die DVZ/tat geliehen, er gab sie mir zurück und sagte: Die sind aber sehr DDR-freundlich. In der Ausgabe stand überhaupt nichts über die DDR. Was ist die DDR?

Wenn jemand von weitem auf dich zukommt, kann es sein, er sieht klein aus und dick und ein bißchen lächerlich. Wenn er bei dir ist, ist alles wie bei allen: Besonders klein ist er nicht, das Dicke wirkt ganz proportioniert, und irgendwie ist er auch nicht mehr lächerlich.

DIE WAHRHEIT IST WESTLICH

wer war besser, heiner müller oder marilyn monroe? das beschäftigt mich. was will ich sein, ich will alles sein. ich will die welt für mich. ich habe für die welt getan, was ich konnte. nun soll die welt für mich tun. die ddrschriftsteller stellen andauernd die richtigen schriften, es ist sehr anstrengend mit ihnen. immer sind sie so kritisch und wahrheitig, dass die regale auch gleich wieder leer sind und die leser entzückt. das hölzerne von hein ist aber herzhaft gemeint! wolf weint schon wieder. braun sucht immer noch nach brauchbarem in der brühe. warum sucht er nicht woanders? weil er so ehrlich ist. weil er so ehrlich ist, kommen seine neuen geschichten immer im argument. argument zahlt fünf dm für eine seite, das ist die ehre. argument meint es auch ehrlich. ein ganzer ddr-sammelband hieß in den zeiten, als das noch modern war: was zählt, ist die wahrheit. worauf braun verlautbaren ließ: es genügt nicht die halbe – und so weiter (oder wars die ganze?). jedenfalls: wenns kritisch wird, lesens alle gern. die faz sowieso, aber auch der sonntag. ach du liest hacks? der ist doch gar nicht kritisch!

und dann wundern sie sich, wenn jakobs auspackt. also nee wie die seghers zu gotsche sagt du bist doch otto sagt sie otto du bist doch schon wieder parteifeindlich bist du doch die siebzigjährige anna. gelesen? ich auch. der spiegel wird denn auch prompt von den sog. kritischen intellektuellen der ddr gelesen. ich schwörs. denen ist nichts zu blöd, bloß kritisch möchts schon sein. warn das noch zeiten, november sechsundsiebzig!

dermaßen suchen nach themen müssen die nicht das geb ich zu, mit denen sie kritisch schonungslos heiß sein können. dafür glauben sie leichter an ihren erfolg, das macht erfolglos. tabus verletzen? da lachen ja die hühner! gagack. die konditoren winken ab, wenn in einem roman steht, daß der parteisekretär mit der bglvorsitzenden schläft. der sternleser blättert weiter, wenn uwe, 22, bekennt: oft wünschte ich, ein ganz normales leben führen zu können meine veranlagung läßt dieses leider nicht zu.

das mißverständnis ist einfach: wahrheit ist ein dreck. wahrheit trägt nicht. wahrheit trägt keine literatur. abgesehen davon, daß ich scholochow kein wort glaube: schocholow nützt seine wahrheit gar nichts. der zugriff von wolf ist ich weiß es ja großartig; überleben wird trotzdem morgner. morgner sagt nicht die wahrheit. morgner lügt was das zeug hält. es geht morgner gut? das glaubt sie doch selber nicht. morgner lacht? gibs nich.

wahrheit ist kritisch. kritisch ist, wenn jemand verletzt ist; im westen heißt das: betroffen sein. wahrheit läuft immer auf den scherz mit dem zielpublikum raus. für wen schreiben gnädige frau? ich schreibe für gnädige frauen. und das grauenhafte ist: sie hat recht! sie weiß es bloß nicht. denn wenn gnädige frau wirklich für gnädige frauen zu schreiben annähme, würde sie es als allerletztes zugeben. in wirklichkeit glaubt sie nämlich, die ganze welt sei so wie gnädige frauen sind. womit sie schon wieder recht hat. nur sind gnädige frau leider dermaßen blöd und piffig, daß nicht nur die welt schon ganz blöd und piffig davon ist, sondern auch dero literatur.

kein wunder also, daß sie beim spiegel landen. ich gebe zu wissen zu wollen, was in der ehrlichen bluessängerin vorgeht, die die ddr verläßt. ich vergesse darüber nicht, daß ihr schönstes lied keins von diesen ehrlichen schmachtfetzen war. und das vierzehn-seiten-stalinpoem von hermlin ist keinen deut schlechter als der rest. es ist peinlich, geschenkt: für uns, heute, mit unserm wissen. aber ich seh nicht ein, daß ich an etwas glauben soll, bloß weil hanser es druckt. ich glaube nicht an literatur, die wahr ist. literatur soll literatur sein. ist sie es, ist sie wahr. ihre nörgelei soll sie sich sonstwohin tun, in die pfeife (ce n'est pas une pipe).

ich glaube nicht, daß man recht haben muß. beispiel der klägliche versuch, die welt über worte zu ändern. man schreibt nicht mehr man schreibt, man schreibt jetzt mensch schreibt oder frau oder wer. lächerlich. wer die welt so ernst nimmt, daß er beleidigt ist, wenn er nicht vorkommt, überschätzt sie. wer die welt kritisiert, anstatt sie sonstwo (sonstwo) zu nehmen und etwas mit ihr zu tun, tut mir leid: überhaupt bringe ich einen teil meiner zeit damit zu, mein selbstmitleid loszuwerden.

nochmal: ich glaube nicht, daß man recht haben muß. heiner müller hat mehr recht als marilyn monroe. er nörgelt mehr. sicher, er weiß auch mehr (worum ich ihn beneide). aber heißt das, die leute haben unrecht damit, monroe zu verehren? was zeigt monroe mit ihrem gesicht. was müller mit seinem. ist es wirklich so, daß wir nach müller mehr wissen? könnte es sein, daß uns monroe etwas beibringt? könnte es sein, daß es nicht auf das ankommt, was man wollte, sondern darauf, was man konnte? das vergnügen an müller ist nicht nur schwerer zu kriegen, es hält auch länger. das vergnügen, das monroe bietet, ist nicht weniger mißverständlich. in bildbänden über ihr leben hat monroe müller überholt, in magisterarbeiten schon jetzt müller monroe, obwohl er fünf jahre jünger ist. ich weiß, ich sollte es nicht tun. aber wenn ich wählen müßte, würde ich gerne marilyn monroe sein.

ich ~~brauche jemanden, der mir hilft.~~ brauche geld:
ich bin homosexuell und links,
und ich schreibe romane. davon kann
ich nicht leben. ~~ich brauche vor
allem eine wohnung für mich, um
die ich mir keine gedanken machen
muß,~~ wer hilft mir?

ronald m. schernikau
großgörschenstr. 7
1 westberlin 62

EIN PHÄNOMEN

der kapitalismus hatte nur eine chance: so zu tun, als sei er keiner. er würde den leuten mit dem stundenlohn erzählen müssen, sie seien herren ihrer selbst. das hat geklappt, herzlichen glückwunsch.

in den köpfen wabert eine landschaft, die so vielfältig ist und erschütternd und freudig und normal wie eben ein zuhause. die köpfe haben ein bild, das bild sieht aus wie die köpfe wollen, die wirklichkeit macht was sie will.

shakespeare, siebenundvierzigstes sonett: der wunsch, er schläft, ist dann dein bild vor mir. das bild, mein herz, erfüllt den wunsch vor dir.

der trick ist, die grausamkeit der verhältnisse nicht nur zur grausamkeit des menschen zu machen; das wäre nicht neu. neu ist: es handelt sich jetzt um die nichtgrausamkeit der verhältnisse.

die grausamkeit der verhältnisse wird geschildert in den werken von bertolt brecht; mit erledigt wird der irrtum über die grausamkeit des menschen.

bertolt brecht, den ich bewundere wie nur drei vier andere, ist in dem land, in dem ich lebe, in hunderttausenden von büchern verbreitet. irgend etwas scheint nicht zu funktionieren.

abgesehen davon, daß bertolt brecht über feuchte wohnungen, schüsse gegen streiks und körperliche arbeit schreibt und es das alles bekanntermaßen nicht mehr gibt; abgesehen davon, daß wir liebe nicht mehr als insel, nur noch als kaugummi empfinden (ist teuer, amerikanisch, klebt, schmeckt nicht lange); abgesehen davon auch, daß niemand mehr ins theater geht, das theater schlecht ist und gedichte durch den vergleich mit dem, was in der gegenwart als gedicht ausgegeben wird, wertlos scheinen – das war immerhin immer so; abgesehen davon also weist bertolt brecht andauernd auf die realität. die realität aber gibt es nicht mehr.

es ist sinnlos geworden, auf eine beschreibung eine gegenbeschreibung zu liefern. es ist sinnlos geworden, von gesellschaftsgesetzen zu reden. das wort optimismus ist eine vokabel der schwachsinnigen geworden. möglicherweise glaubt der zehnjährige vor seinen elektronischen apparaten an seinen sieg: an eine zukunft glaubt er nicht.

ich habe neulich in einem gespräch das wort unterdrückung benutzt. hinterher nahm mich mein freund matthias zur seite und sagte: weißt du, dieses wort, dieses unterdrückung: das ist oldfashioned.

er hatte recht.

schon lange ist es außerhalb der ddr unmöglich geworden, das wort verantwortung zu benutzen. auf die welt hat die ddr das monopol.

in der tagesschau des kapitalistischen deutschland kommt an erster stelle – auch zeitlich gesehen – die propaganda. behauptungen, lügen, unterstellungen zuerst.

die aktuelle kamera des sozialistischen deutschland macht es umgekehrt: erst die informationen, dann die propaganda. meine freundin leyla sagt zu so etwas: süßnaiv.

und allein die korrekte verwendung des konjunktivs in indirekter rede macht die bundesbürger lachen.

denn diese reihenfolge ist normal; normal ist ein begriff der statistik und besagt, daß der gegenstand am häufigsten vorkommt. am häufigsten in diesem land ist die lüge. alles, was darauf hin deuten könnte, irgend etwas sei wahr, ist lächerlich.

es gibt keine wahrheit, wer kann schon alles wissen, informationsüberfluß, ich bin wer anders als du.

alles, was darauf hin deuten könnte, irgend etwas sei nicht so, wie es sein könnte, ist nicht vorstellbar. alles, was darauf hin deuten könnte, irgend etwas könnte anders sein, kommt nicht vor. es wird nicht abgelehnt oder weg geschoben oder schlecht gemacht. es kommt nicht vor.

die nächsten zehn jahre werden auch den menschen in mitteleuropa bisher unvorstellbare härten bringen: soziale, politische härten, härten in ihrer arbeit. und auch in zehn jahren wird der arbeitslose sagen: es ist gut.

wenn etwas sehr lange geschieht und es geschieht sehr stark und ohne daß du mit tust und es ist das falsche: dann gibst du auf. dann ist die gefahr da, daß du aufgibst.

wenn etwas sehr lange geschieht und es geschieht sehr stark und ohne daß du mit tust und es ist das falsche: dann kann es sein du vergißt, daß du etwas tun könntest.

du denkst, es kann nicht anders sein. du hörst auf, dich zu wehren.

das ist den menschen um mich geschehen. daß du nicht mehr glaubst, daß du etwas ändern kannst: das ist das grauenhafteste. das ist das grauenhafte an diesem land.

FICKT WEITER!

eigentlich ganz schön! mal wieder was zum fürchten. es nutzt sich ja alles ab (daher die horrorfilme). der neue grund ist: aids.

aids kommt aus dem amerikanischen und heißt: nichts hilft (haha). die todesrate dieser vornehmlich bei homosexuellen männern auftretenden krankheit gibt stoff für illustrierte serien in den geschichtslosen massendrucken dieses landes.

und auch die allgemeine ortskrankenkasse fühlt sich bemüßigt, mitzuteilen: »alle spekulationen über eine ausbreitung dieser krankheit auf größere bevölkerungskreise sind bisher unbegründet.« na prima! laßt die schwulen ruhig abkratzen, wir bleiben ja verschont. das fatale an dieser logik: sie ist richtig.

denn wann haben sich die schwulen darum gekümmert, daß mit den 843 jährlichen morden die schon erwähnten massendrucke gefüllt werden, nicht aber mit den doppelt so vielen jugendlichen selbstmördern (dies als ein allererstes beispiel)? tun wir doch nicht so, als hätten wir ein recht auf aufmerksamkeit; wer sich um die welt nicht kümmert, wundere sich nicht, wenn sich die welt nicht um ihn kümmert.

da hat es etwas fast zärtliches, wenn jami lami tami von der neuesten sekte sagt: »wir haben auch schon angebote eingeholt von der gummiindustrie«, für präser; die reagieren wenigstens auf unser leid! die wollen sich wenigstens schützen vor uns!

unser leid, das ist: »das gesundheitsrisiko bei anonymen sexuellen kontakten ist durch aids größer geworden«. (arbeitsgruppe aids der berliner schwulengruppen). anders gesagt: »die schlußfolgerungen aus dem bisherigen wissensstand über aids ergeben sich von selbst.« (die schwulen medizinmänner). und deutlicher: »die entscheidung zur monogamie, für sexuelle treue, sollte sicher nicht allein aus angst vor aids oder anderen erkrankungen getroffen werden.« that's it.

wer das auto kauft, kauft den autounfall. das ist kein argument? es ist das einzige. der einzige grund, ein auto zu kaufen, ist: die welt nicht mehr sehen wollen. wer nicht anders kann, als ein auto kaufen und los damit fahrn, der muß ein auto kaufen und los damit fahrn.

wer in die sauna geht, kriegt fußpilz. wer nicht anders kann, als in die sauna gehen und los machen, der muß in die sauna gehn und los machen. wenn ich mich auf eine bank lege und mich von fünf männern ficken lasse, will ich fünf männer. ich weiß, der mensch ist sterblich: aber vielleicht ich nicht? der einzige grund, geschlechtsverkehr mit vielen zu haben, ist: einen abend, einen monat, ein leben lang nicht anderes mit der welt zu tun haben wolln, als daß sie mich fickt.

ach wissen sie, seit meine frau in der loge den regenschirm hat stehen lassen, gehen wir ja nicht mehr in die oper.

wer auf der welt bleiben will, muß eben diese nehmen. wer sich um die welt kümmern will, kann eben an politik nicht vorbei; wer an politik nicht vorbeikommt, kommt an kommunisten nicht vorbei; wer an kommunisten nicht vorbeikommt, muß eben diese nehmen (dies als ein allererstes beispiel). wir haben keine wahl.

die kommunisten, die krankheiten, die welt, die hab ich mir nicht ausgesucht. woran ich sterbe, bestimmt jemand anders. es hilft kein meckern auf stalin oder aids. wenn wir mit der welt etwas zu tun kriegen, ist klagen nicht angesagt. aussuchen können wir uns, wovon wir leben.

mal ganz im klartext: wer jetzt aufhört zu ficken, sollte aufhörn zu rauchen trinken essen arbeiten autofahrn spraydosen benutzen lackfarbe plastik radios kinos menschen. der sollte anfangen, endlich an sich zu denken; also an hunger und krieg, oder nur an den schlaf in der nacht, ein gesicht, etwas offenes.

und während er damit anfängt, sollte er ruhig weiter ficken.

MITLEID

Was ist eigentlich Mitleid? Mitleid ist, wenn es jemand anders schlechter geht als mir. Dann habe ich Mitleid.

Stimmt das? Also gut. Jemand anders geht es schlechter als mir. Wer sagt das? Gucken Sie mal mit Ihren Hundeaugen einen jungen Arbeiter an und fragen Sie ihn, wie es ihm geht. Es geht ihm nicht schlecht. Wenn er glauben würde, es ginge ihm schlecht, hätte er sich ja umgebracht. Aber es geht ihm doch schlechter als, sagen wir, einem Studenten (ich). Er kann nicht am Montag morgen bis zehn Uhr schlafen. Kann er nicht. Geht nicht. Also.

Nun hat er sich ja aber noch nicht umgebracht, jedenfalls einige. Vielleicht geht es ihm nur ein bißchen schlecht? So morgens zwischen fünf vor zehn und zehn, wenn er an den Studenten denkt, der gerade aufwacht? Oder ist es mehr so eine strukturelle Schlechtigkeit, die sich mal so und mal so zeigt? Es wird so sein. Bloß: Warum hat er sich noch nicht umgebracht? Unserem Mitleid nach zu urteilen, hätte er allen Grund dazu.

Das ist es. Mitleid glaubt, die Welt sei öde und leer, bloß nicht bei mir selber. Im Mitleid ist immer auch ein bißchen Freude über das eigene Verschontsein. Wer dem andern unterstellt, es ginge ihm dermaßen schlecht, daß die Welt um ihn rum nur noch Hundeaugen machen könne, soll sich doch dann umbringen, stellvertretend. Es ist nämlich anders.

Angenommen, es ließe sich messen, wem es mehr schlecht geht und wem weniger; auf den Krüppel und die Sahel-Zone können wir uns einigen (seien Sie jetzt mal einen Augenblick ruhig, ich bin nämlich schwul und kenne Mitleid). Wenn es also jemandem schlechter geht als einem andern und wir kurz vergessen, daß es dem andern woanders vielleicht dafür schlechter geht, als dem ersten; alle theologischen und statistischen Implikationen beiseite – glauben Sie wirklich, Sie ändern was mit Ihrem Hundeblick?

Wenn Sie einem Leprakranken kurz und aufrichtig die Hand drücken, fällt sie ihm ab. Wenn Sie einem Neger sagen, daß Sie ihn gut verstehen, haut er Ihnen eins in die Fresse. Hierzulande ist das ja alles ein bißchen vornehmer; aber Mitleid jedenfalls ist nur Mitleid. Ihr Schauder auf dem Rücken mag ja für Sie ganz lustig sein, und natürlich ist es besser, einen Tropfen auf einen heißen Stein zu tun, als gar nichts. Aber Sie wissen ja: Diese Besser-als-Sätze sagen nichts. Solange Sie nicht wirklich helfen, solange Sie nicht endlich was tun und solange Sie nicht endlich was für sich tun; solange ist alles sehr nett und menschlich anrührend und so gut gemeint; solange ist es ein Dreck.

Wenn Sie nämlich aufhören Mitleid zu haben, müssen Sie sich überlegen, wo Sie anfangen. Mit Mitleid hupfen Sie mal hier rum und mal da. Mit Mitleid gibt es nämlich viel zu tun. Mit Mitleid ist es nämlich nicht möglich, zu einem Ende zu kommen, also zu einem Anfang. Mitleid macht einzeln. Mitleid macht glücklich. Mitleid entschuldigt alles. Weil es so viel zu tun gibt, kann ich es leider gar nicht schaffen, Pech. Man kann also gar nichts tun, schade.

Jedes Mitleid ist eine Form von Selbstmitleid. Selbstmitleid geschieht, wo jemand nicht handelt. Wo jemand nicht handelt, steht er im Weg. Und Sie, ja Sie da, Sie werden gefälligst nicht im Weg stehn.

DIE HAUT

Der Sommer findet im Saale statt, die Jahreszeiten sind abgeschafft. Tomaten gibt es das ganze Jahr zu kaufen, und wer aus Versehen Birnen erwischt, merkt das auch nicht mehr am Geschmack. Aber die Farbe!

Auch die Menschen werden durch Farbe unterschieden. Durch Westberlin laufen die Punks mit den bleichen Gesichtern und sagen dir so: Ich bin immer nur nachts auf, ätschbätsch! Ich lasse an meine Haut nur Neonlicht, ätschbätsch! Ich habe keine Arbeit, ätschbätsch!

Aber es gibt nicht nur Punks. Es gibt auch die Braunen. Die Braunen sind irgendwie braun geworden, schon das ein Wunder. Mutig schiebt die Hausfrau ihren Wagen durch den Supermarkt und läßt jedesmal eine Packung Bräunungsmittel mitgehen. Immer leerer werden die Regale gerade bei den Bräunungsmitteln und immer brauner und brauner die Hausfrau. Zwischen den Regalen die Verkäufer fragen einander verwundert nach dem Täter. Mutig und braun schiebt die Hausfrau an ihnen vorbei.

Oder Bestrahlung. In den großen Saunen mit den vielen Männern stehen die vielen Bänke, die sehr leuchten und auf denen steht: Extra stark.

Extra stark erfahren sich die Körper zwischen den Rosten der Solariumsbänke. Mit leichtem Surren senkt sich der obere Teil und schließt die Versprechung von Bräune um sie.

Wenn sich das Teil wieder hebt, kommen ans Schummerlicht der Sauna die Furchen des Fleisches, die noch durch das viel zu dünne Teehemd sagen werden: Viel Arbeit, viel Gewinn. Oder auch: Keine Arbeit, trotzdem viel Gewinn. Oder auch: Keine Arbeit, kein Gewinn, aber braune Haut!

Am Ausgang gibt es dann das Teehemd zu kaufen, auf dem der Name steht von der Sauna. Ja, dafür bezahlen wir auch noch was! Damit gleich jeder weiß, wo wir das herhaben! Das ist doch wichtig!

Ungerührten Blickes, auch das viel Arbeit, laufen die gebräunten Körper durch die schwitzenden andern. Schon das Heben und Senken bestimmter Muskeln hebt sie aus der bleichen Menge sich senkender Glubschaugen. Wer sich jetzt noch traut, inmitten der Nichtraucherzone eine Zigarette zu rauchen, hat es geschafft.

Dann liegt er in der Kabine, falls er diese Initiativen nicht scheute, und denkt an die andern. Wie sie ihm nachgeschaut haben. Wie er durch sie durchgegangen ist. Wie er die Muskeln gehoben und gesenkt. Wie er ein neues Hemd am Ausgang kaufen wird, denn wirklich sind seine Muskeln größer geworden seit dem Training, denn es funktioniert, es funktioniert wirklich, er kann es nur jedem empfehlen. Wie er auf die Straße gehen wird, und es wird ihm jemand nachschauen.

Dann geht er auf die Straße. Dann schaut ihm jemand nach.

DAS PERSONAL

Über die Arbeit mit AIDS

Seine Freundin Sabine, als er ihr erzählt, was er gleich erzählt, ruft laute Dinge am Telefon. Sie ruft: Daß die Leute sterben! Daß die Welt so schrecklich ist! Daß du darüber reden kannst! – Ronald M. Schernikau schreibt über ein paar von denen, die so was hören, wenn sie ihren Beruf nennen.

Daß Leute krank sind, Leute sterben, ist so ungeheuer (sagt man mir) und so sehr nicht auszuhalten, daß kein Weg daran vorbeiführt. Nichts hilft uns. Kein Trost besteht gegen das Unvermeidliche. In den Betten die Siechen sprechen in unsere Richtung von Mut. Das schwache Licht von hinter ihren Köpfen macht ihr Lächeln sanft. Das Überleben ist ein Werk des Personals.
Bertolt Brecht, Das Personal

Natürlich verlaufe ich mich. Das Krankenhaus in München-Schwabing ist groß genug dazu. Hinten rechts, hatte mir Dr. Jäger am Telefon gesagt, hinten rechts, das versuche ich also. Nach hinten rechts komme ich durch wirklich hundert Meter lange Gänge, nach hinten rechts muß ich über zwei Stationen laufen, ich versuche mich unsichtbar zu machen zwischen den Weißgekleideten mit den Tabletts vom Frühstück, zwischen den fahrenden Betten und spazierenden Bademänteln. Nachdem ich lange vor einem falschen Zimmer gewartet habe, weitere Gänge und Treppen. Dann bin ich da. Die Tür ist verschlossen. Vor der Tür wartet jemand. Ich frage:

Sie wollen auch zu Dr. Jäger?

Ja.

Der Mann senkt sofort den Blick. Es ist Dienstag morgen, AIDS-Sprechstunde. In einem kleinen Zimmer unter dem Dach berät jeden Dienstag morgen Dr. Hans Jäger, 37, Stationsarzt der Hämatologie, Patienten, für die er noch gar nicht zuständig ist. In der Klinikhierarchie ist seine Arbeit nicht die bedeutendste. Aber Dr. Jäger ist auch Berater der Weltgesundheitsorganisation, hat eine Tagung zur psychosozialen Betreuung von AIDS- und AIDS-Vorfeldpatienten organisiert, und wenn er für ein paar Tage nicht im Haus ist, ist er wohl in den USA, um neueste Informationen zu holen. Seine Arbeit in diesem Zimmer nennt das Türschild lapidar: Prästationäre Diagnostik.

Da kommt er auch schon die Treppe hoch! Hans Jäger ist ein Mann: massiv, schnauzbärtig, freundlich, kühl, besorgt, aufmerksam, groß. Nun macht so ein weißer Kittel schon viel, auch spricht er präzise und schnell; das merke ich später beim Abtippen der Bänder. Er hat alles schon einmal gehört, er ordnet ein und fragt weiter, genau und wissend. Für mich hat das etwas ungemein Beruhigendes. Dieses große Krankenhaus hat etwas Beruhigendes, hier braucht man nur einen der endlosen Gänge lang geschoben zu werden, und schon kann man nicht mehr sterben; Hans Jäger kann man Dinge fragen. Hans Jäger weiß Dinge. Hans Jäger ist Arzt.

Einen Schritt hinter ihm geht der Doktorand Mayr, er hält sich im Hintergrund, wird Blut abnehmen, Papiere bereitlegen, Zuträgerarbeiten machen, sucht irgendwann überall die Fieberthermometer, die sind neu, zum Indenmundstecken, ich werde sie finden. Als die beiden kommen, sehe ich auch ihn an, da guckt er mit großen Weitsichtigenaugen und lächelt und nickt. Das ist er wohl nicht gewöhnt. Wir gehen rein, der Mann wartet die Minute. Drei kleine Zimmer, schöne Schränke mit

Hängeakten. Da drin sind die Krankengeschichten, anonym. Jede hat eine Nummer, die Nummer steht in einem Hefter, der Hefter ist auch in dem Schrank. Die Verschlüsselung ist pure Psychologie. Aber wer soll auch an den Schrank gehen? Wer die Kranken kennen will, kann die Kranken kennen. Die Welt ist nicht sicher. An der Wand eine Fotoserie mit einer, ich glaube, nackten Frau (künstlerisch).

Hans Jäger wurde die AIDS-Beratung durchaus nicht angetragen. Er mußte darum kämpfen, sie durchführen zu können. Er hat lange von seiner Hämatologie-Station aus mit den Betroffenen geredet, Kontakte zu Selbsthilfegruppen gesucht, eine Form gesucht, den Patienten nicht mit einem positiven HTLV III-Testergebnis allein zu lassen. Schließlich bekommt er nicht mal zwei Tage in der Woche. Die beiden Doktoranden – inzwischen ist auch der andere eingetrudelt, er zieht sich schnell um – arbeiten, weil sie ja noch studieren, freiwillig bei ihm und umsonst. Eine Sekretärin gibt es nicht.

Dr. Jäger betont, daß er für die drei Räume dankbar ist. An einem weiteren Ausbau ist das Krankenhausreferat der Stadt München offenbar nicht interessiert.

Denn AIDS ist teuer. In der Logik der Krankenkassen und in der Logik der städtischen und staatlichen Träger ist der lebenslustige, also anpassungsfreudige Mensch gefragt, der mit sechzig einen Verkehrsunfall hat: das spart Rente. Nein, im Ernst: Wir hören neuerdings immer das Wort Rentabilitätsdenken. In diesem Denken haben natürlich die paar Schwulen keinen Platz, die da an irgendwas sterben, dessen Behandlung überdurchschnittlichen Aufwand erfordert. Die Krankenkassen bezahlen die AIDS-Untersuchungen hier auch nicht ohne weiteres. Wer zu Dr. Jäger will, braucht keinen Überweisungsschein. Er braucht einen Einweisungsschein, der ist rosa und bedeutet, daß man sozusagen einen Tag im Krankenhaus war. Wie lange die Krankenkassen sich das von den Schwulen noch zumuten lassen, werden wir sehen. Wenn Sexualität keine Frage der Entscheidung ist, Prophylaxe ist eine.

Wie froh können wir sein, daß das jetzt auch Heteros kriegen! Und wie oft wird im Gespräch darauf gepocht; als ändere das irgendwas. Wir alle haben Angst, daß eine Krankheit nur für Schwule noch weniger als diese blasse Reaktion auslösen kann, die wir erleben: Da werden nichtssagende Blätter verschickt, aber keine Forschungsgelder vergeben. Tja, zuckt Jäger mit den Schultern, in den USA kämpfen die Pharmaziekonzerne um die Patente, da bewegt sich was. – Hoffen wir also, daß der Kapitalismus noch effektiver wird, damit wir nicht so schnell sterben.

Herein kommt der Mann von eben, Ende Dreißig, Krankenpfleger. Der Mann ist sehr verunsichert.

Als er wegen einer anderen Geschichte im Krankenhaus lag, wurde ihm mitgeteilt, er habe AIDS. Er bittet seinen Kollegen von der Station um Einsicht in die Akte (die normalerweise nicht gestattet wird). In der Akte steht, daß er HTLV III-positiv ist. Der Mann fühlt sich nicht krank, die andere Geschichte ist erledigt. Er glaubt auch nicht, daß er AIDS hat. Aber er beobachtet sich selbst, spürt nach Krankheitszeichen. Er ist für diese Untersuchung weit gereist, gibt an, in München arbeiten zu wollen. Zu wem kann er Vertrauen haben? Wohl zu niemandem.

Jäger reagiert mit Fragen. Er fragt: Haben Sie Beschwerden? Wie fühlen sie sich im Augenblick? Glauben Sie, daß Sie AIDS haben? Wie, glauben Sie, kann ich Ihnen helfen? Haben Sie jemanden, mit dem Sie reden?

Keiner hat, alle fühlen sich gut, keiner glaubt es, niemand hat wen zum Reden. Ich werde einige Patienten sehen, und bei allen ist es das gleiche: ein unbenennbares Problem.

Der Mann zieht sich bis auf die Unterhose aus, legt sich auf die Couch. Jäger tastet und horcht, prüft Reflexe, sieht in den Mund, schaut die Haut an, sieht den Gesamtzustand. Nichts Besonderes. Er wird noch einmal den Test machen lassen, wird einen Hauttest machen, verschiedene Werte ermitteln, die mit dem Allgemeinzustand zu tun haben.

Die Frage, die hinter den fünf oder sechs Geschichten steht, die ich an diesem Vormittag höre, ist: Was kann ich tun? Die Frage wird oft gar nicht ausgesprochen, aber sie ist es, die diese Beunruhigung macht, die Ungewißheit. Dieser Krankenpfleger, der Routine haben soll im Betreuen von Kranken, versagt bei sich selbst. Er weiß überhaupt nicht, was er mit diesem positiven Ergebnis soll.

Aber Somatik beruhigt. Das Behandeln des Körpers ist eine Beruhigung an sich. Jäger versichert an diesem

Tag oft, daß das Testergebnis keineswegs bedeutet, daß derjenige krank ist. Jeder der Betroffenen weiß das auch. Und jeder ist froh, es noch einmal zu hören. Der letzte Händedruck ist immer erleichtert, immer ist da die kleine Sicherheit der Zahlen, die irgendwelche Werte bedeuten, die bedeuten, daß man noch nicht stirbt.

Dann wird Blut abgenommen, das macht Doktorand Mayr; ein Stich in den Arm, die Kanüle bleibt drin, eine größere Spritze wird drangesetzt, das dunkle Blut füllt das Plastik. Der Mann dreht den Kopf zur Seite, als gestochen wird, auch er nicht frei davon. Dann muß der Fragebogen ausgefüllt werden, Krankheiten, Beschwerden, Zahl der Sexualpartner, Art der Kontakte, letzter Geschlechtsverkehr, fester Partner, Medikamente, Drogen, Eß-, Schlaf-, Lebensgewohnheiten.

Auch Frau Müller guckt zu. Frau Müller hat hier famuliert, ein vierwöchiges Praktikum gemacht, heute ist ihr letzter Tag. Die nächste Patientin verspätet sich, ein paar Minuten Leerlauf, ich entführe Frau Müller in das kleine Nebenzimmer, wo auch die Privatsachen der Leute hier über einen Stuhl geworfen werden, und interviewe sie. Frau Müller ist Anfang Zwanzig, zierlich, mit einer kleinen Stimme. Frau Müller sagt:

Frau Müller

Jemand, der hier in die Beratung kommt, ist erst mal nicht krank. Er ist eher ein Ratsuchender. Er will wissen, was er tun soll.

Wenn jemand erfährt, daß er Leukämie hat, dann erfährt er, daß er sie hat. Er erfährt nicht, daß er sie möglicherweise bekommt. Da sind nicht eventuell zehn Jahre dazwischen oder fünf oder zwei, bis irgendwas zum Ausbruch kommt. Das macht, glaub ich, den größten Unterschied. Wenn ich nicht weiß, ob ich in einem Jahr krank werde oder vielleicht später, dann steh ich ja wie vor einem Vakuum. Und es sind so junge Leute.

Es ist ja für jeden ein neues Gebiet, hier. Man muß sich Informationen holen. Schon die Gesprächsführung ist anders. Man berät, auch mit dem Patienten.

Es ist interessant. Es ist interessant, Menschen kennenzulernen, die mit dem Problem konfrontiert sind. Zu sehen, wie sie damit umgehen. Was sie sich für Gedanken machen. Wie sie reagieren.

Die hämatologisch Kranken, die ich sonst auf Station sehe, die werden ja sehr bedauert. Und bei AIDS soll man womöglich selber schuld sein. Das macht viel aus.

Es ist nicht langweilig.

Man muß vorsichtig sein. Man muß sich zurückhalten mit Einschätzungen. Als ich vorhin in der Nachbereitung sagte, mir scheint es so, als daß Schwule neben dem einen Partner noch mehrere Kontakte haben, ich denke mir, mit diesem Satz hätte ich mich zurückhalten müssen. Ich hätte es auch nicht vor den Patienten gesagt. Vielleicht sollte man gar nicht Patient sagen, sondern Klient.

Man weiß auch nicht, wie nah man einem Klienten kommen kann. Und eigentlich soll es ja umgekehrt sein, der Klient soll sich mir nähern, Vertrauen haben.

Ich glaube, der Klient erwartet etwas, das ihm selber nicht bekannt ist. Es können ja ganz neue Dinge kommen. Es ist irgendwas da bei einem Arzt, bei diesem Arzt, von dem man gehört hat. Vielleicht will man auf Dinge angesprochen werden, und weiß es selber gar nicht.

Herein kommt, die Verspätung gar nicht wahrnehmend, eine Frau, dreißig, mit offenem Lächeln, alternativen Umgangsformen, in ihren besten Kleidern, sie war drogenabhängig. Die Frau ist verunsichert. Ihr Kind, der Vater ihres Kindes und sie selbst sind HTLV III-positiv.

Sie hat eine hohe Stimme, spricht sehr bayrisch, durchsetzt mit Drogenslang. Über ihren Kokaingebrauch sagt sie, sie habe Koks immer gedrückt: Weil des viel a besseres Feeling is. Sie kann sich schwer auf die eigene Geschichte konzentrieren, verheddert sich, kennt das aber wohl schon, redet weiter und lächelt. Jäger ist vielleicht die tausendstel Spur ungeduldig, weil sie zu spät ist und den Zeitplan durcheinander bringt. Später erzählt er mir das als typische Schwierigkeit: Junkies sind unzuverlässig und erwarten Zuverlässigkeit. Aber vielleicht ist das ihr Recht. Jäger jedenfalls tut so.

Dann schickt sie mich raus, sie sagt zu mir: Ich kann mich überhaupt nicht mehr konzentrieren durch dich. Kein Problem, sage ich und gehe.

Natürlich werde ich den Leuten vorgestellt, und natürlich werden sie gefragt, ob ich drinbleiben darf. Alle sagen Ja; aber schon daß drei, vier, fünf Personen ihnen gegenüberstehen und nicht bloß eine, ist wohl verwirrend. Hier geschehen intime Vorgänge, und keinem fällt es leicht zu reden. Ich weiß auch nicht, ob ich selber den Mut hätte, gegen die akzeptierte Situation jemanden rauszuschicken, bloß weil ich ihn nicht kenne: Die andern kenne ich ja auch nicht.

Aber sie werden also immerhin gefragt, ich sitze dabei, sie gucken auch zu mir, in vielen Blicken ist diese Bitte um Verständnis, die Frage: Nicht wahr, ich habe es doch richtig gemacht; nicht wahr, so ist es normal, unbedenklich, gesund. Und natürlich nicken wir immer, wir wollen ja hören, auch die langen und umständlichen Geschichten, auch die merkwürdigen Dinge, auch die vielen Vorstellungen von Heilen, von Sexualität, von Leben eben. Soll ich einer Ex-Drogenabhängigen erzählen, daß ich sie nicht verstehe? Lächerlich. Soll ich dem Schwulen erzählen, daß er sich auch mit diesem Risiko seine Sexualität nicht nehmen lassen soll? Das darf ich nicht, und ob ich dürfte, wenn ich der Arzt wäre, ist die zweite Frage. Ich überlege beim Zuhören, ob die medizinisch richtige Antwort immer die richtige Antwort ist. Wäre, bei aller Vorsicht, nicht auch die Aufforderung richtig, wenigstens mit seinem Freund nicht vorsichtig zu sein, und zwar gar nicht und nie?

Eben das fragen sich die Patienten.

Zum Abschlußgespräch darf ich wieder rein. Die Frau erzählt, daß sie in einer Bäckerei arbeitet jetzt, sie hat Angst, entlassen zu werden. Soll sie aufhören, dort zu arbeiten? Kann sie entlassen werden? Muß sie es?

Aus medizinischer Sicht, sagt Jäger, besteht dazu keinerlei Veranlassung, und erzählt die Geschichte von dem New Yorker Chirurgen, der AIDS hatte und weiter operiert hat; natürlich ging es. Die Chance, sich über alltäglichen Umgang mit AIDS zu infizieren, ist nur theoretisch. Es gibt bisher keinen einzigen Fall. Was aber, sagt Jäger weiter, die Behörden machen, wenn sie von Ihrem Testergebnis erfahren, können wir nicht sagen. Weil viele Leute nicht Bescheid wissen, kann ich Ihnen nicht ohne weiteres dazu raten, Ihr Testergebnis allen mitzuteilen.

Na, des sowieso net!, sagt die Frau und guckt entschuldigend zu mir.

Jäger ermutigt. Die Frau kann tun was sie will, vom Heroin ist sie runter, sie kann, auch danach fragt sie, sich von ihrer Freundin an der Scheide küssen lassen, sie kann weiter arbeiten. Sie erzählt von ihrem Heilpraktiker, der angeblich zwei AIDS-Kranke geheilt hat. Jäger hat davon gelesen, er kannte die Patienten. Die Patienten hatten nie AIDS.

Jäger fragt die Frau: Meinen Sie, daß Spritzen legal verkauft werden sollten? Ja. Die paar Apotheken, wo es welche gibt, sagt sie, sprechen sich rum, aber die Wege sind dann weit, dann braucht man den Schuß, dann nimmt man eben die Spritze, die grad da ist, zu mehreren. Davon hängt nichts ab: keine Entscheidung, kein Aufhören.

Haben Sie noch Fragen? Jäger fragt das jedesmal zum Schluß. Ich hätte bei dieser Frage den totalen Blackout, und auch die Frau nimmt sich vor, zum nächstenmal einen Zettel zu schreiben und ihn mitzubringen. Aber Jäger wartet wirklich ein bißchen, bis man wirklich keine Frage mehr hat.

Schwule und Junkies haben ja überhaupt mehr Krankheiten, und ich nehme an, mit abnehmendem Mitleid läßt die Geduld der Ärzte nach. Dieses hier ist, will ich sagen, ein positives Beispiel, nicht die Regel.

Herein kommt ein richtiger Mann, er begrüßt uns mit Handschlag, füllt den Raum, er ist keine dreißig, sicher und groß. Der Mann ist sehr verunsichert.

Er sagt: Nachts um vier fallen mir meine Sünden ein. Er war beim Gesundheitsamt und hat den Test machen lassen, dort ist eine Grauzone, er ist nicht richtig negativ, er ist nicht richtig positiv. Warum, fragt Jäger, haben Sie den Test machen lassen? Ich wollte es genau wissen, sagt der Mann. Zur Beruhigung. Gehören Sie zu einer der Risikogruppen? Naa, sagt der Mann, ich nehm keine Drogen, i bin kaa Bluter, und ich hab auch noch nie mit schwulen Männern geschlafen. Gibt es irgendwelche andern Möglichkeiten, bei denen Sie sich hätten infizieren können? Nein. Im Puff hab ich halt gehockt, nicht.

Jäger wird den Test noch einmal machen; ihn interessiert weniger die Grauzone, die es wohl manchmal, sehr selten, gibt, und die man abwarten muß. Jäger fragt mehr nach der Situation des Patienten, hat er eine Freundin? Ja. Hat er mit ihr gesprochen? Nein, das Ergebnis ist ja nicht sicher. Sie sollten jetzt schon mit Ihrer Freundin sprechen, sagt Jäger vorsichtig. Erst mal das Ergebnis abwarten, oder?

Das Ergebnis, sagt Jäger, wird Sie nicht von Ihrer Unsicherheit erlösen. Ein Testergebnis kann sich ändern, es sagt auch gar nichts darüber aus, ob Sie krank sind; wie Sie sich verhalten, kann nicht von ihm abhängen. Diese Ruhe von Jäger. Es ist wie bei den Sexualwissenschaftlern. Immer, wenn ich einen dieser grandiosen Artikel von Günter Amendt lese, denke ich natürlich: Wie macht es Günter Amendt? Hans Jäger, wenn er einen Patienten nach etwas ganz Intimem fragt, hält seine Stimme wie immer. Ein bißchen wirkt er, als wenn er die Antwort schon vorher weiß, er nickt gleich und fragt weiter.

Von der hilflosen Kälte um mich sonst immer wieder erschreckt, lerne ich hier, daß Kälte gut sein kann. Kälte ist richtig, wenn man jemandem raten soll. Wer jemanden aus dem Sumpf zieht, darf selber nicht im Sumpf sein. Kälte bedenkt, daß man selber in diesem Moment Hilfe nicht braucht. Das ist gut.

Wäre AIDS so leicht übertragbar wie Grippe, dann wären wir schon alle tot. Weil das nun aber so schwer geht mit dem Anstecken, scheinen plötzlich gerade die Personen für uns gefährlich, die uns am nächsten kommen. Vor den wenigen, zu denen wir Vertrauen haben, haben wir jetzt Angst. Das ist das Grauenhafte.

Dieser nette große Heteromann, wie er im Sitzen mit dem einen Bein wippt, wie er die Hände, die großen schönen Hände in die Ellenbogen steckt: Das kann jeder ausnutzen. Hier haben Illustrierte, hier hat jeder leichtes Spiel, der Angst macht, noch mehr Angst, noch mehr Verunsicherung. Er würde jetzt alles glauben. Dieser

Mann weiß nicht, wovor er Angst haben soll, und deshalb hat er vor allem Angst.

Dabei wissen wir gar nicht, was der Nachweis der HTLV III-Antikörper bedeutet! Der Test sagt weder, daß jemand krank ist, noch daß er krank werden wird. Zufällig sind bestimmte Menschen betroffen. Die Eigenschaften des Patienten, die ihn nicht krank machen, haben den Arzt nicht zu kümmern. Wer über Homosexualität diskutiert, setzt voraus, daß sie krank macht. Daher die Forderung, ohne ausgeführte Homosexualität zu leben.

Aber Sexualität ist keine Frage der Entscheidung. Niemand kann ohne Sexualität leben, also kann kein Homosexueller ohne Homosexualität leben. Es geht nicht. Verblüffend bloß: Alle behaupten, daß es geht.

Ich erinnere mich an den Anfang der AIDS-Diskussion; da hieß es, betroffen seien Personen, die sogenannten passiven Analverkehr machen, mehr als fünftausend Partner am Tag haben und sich ausschließlich von Drogen ernähren. Und dann flüsterte der sterbende Klaus Nomi plötzlich den rührenden Satz: Aber ich habe doch gar nichts gemacht. Damit war diese Theorie hinfällig. Auch dies eine Mal kann das entscheidende sein.

Die einzig sichere Sexualität ist keine Sexualität. Sex ist nicht sicher. Küssen ist nicht sicher. Menschen sind dreckig und naß. Wer zu Vorsicht rät, rät zu Vorsicht vor Menschen. Hier gilt es, gesund zu bleiben. Maß der Gesundheit kann nicht die Zahl unserer Bakterien sein (übrigens sind viele Bakterien lebensnotwendig). Wer panische Angst vor Hautkontakt entwickelt, ist nicht gesund.

Herein kommen zwei Männer, beide um die Dreißig, der größere hat dunkle, der kleinere helle Haare, sie haben klare offene Augen, die lachen können, sie sind freundlich und schön. Die Männer sind sehr verunsichert.

Der eine hat, als der andere in Urlaub war, den Test gemacht und ist positiv. Beide sind schockiert und wissen nicht weiter. Jägers erste Frage: Warum haben Sie den Test machen lassen? Er war zu einer Routineuntersuchung beim Arzt. Hatten Sie vor, den Test machen zu lassen? Nein. Es ergab sich auf einmal. Ich habe ihn halt dann machen lassen.

Die beiden sind gesund. Der Positive arbeitet mit Autos, Jäger fragt ihn danach, er lächelt und erzählt. Jäger fragt: Haben Sie geweint? Der Mann sagt: Ja. Und sofort: Das hätten doch alle, nicht? Ja, sagt Jäger: Ja.

Sie fragen, was sie dürfen. Wieder habe ich dieses deutliche Gefühl: Jetzt könnte man ihnen alles erzählen. Der eine sagt: Beim Blasen, da kommt doch schon manchmal vorher was. Ist das gefährlich?

Natürlich ist es gefährlich. Jäger empfiehlt Blasen mit Kondom. Das ist doch eklig! Medizinisch ist dieser Rat im Moment richtig, keine Frage. Aber dieses liebe, ganz intime Detail, daß der Positive offenbar aktive Cowpersche Drüsen hat, das bringt mich gegen diesen Rat auf. Ist es richtig, den beiden dies zu versagen? Liegt die Grenze, die jeder für sich ziehen muß, liegt diese sehr große und wichtige Entscheidung für oder gegen Dinge, für oder gegen Menschen, vielleicht jenseits des Medizinischen?

Ach, ich sehe mich schon auf dem Scheiterhaufen, wie die Gesundheitsinquisitoren vor dem Anzünden rufen: Er war's! Er hat die Seuche mit verbreitet! Hier habt ihr ihn, den Schuldigen! – Und ich gucke blöd und verbrenne.

Die beiden gehen, schon das Gespräch an sich hat sie erleichtert, das merken wir. Wir bleiben sitzen und machen Nachbereitung. War es ein Vertrauensbruch, den Test heimlich machen zu lassen? Ist es nicht ein positives Zeichen, daß beide zusammen gekommen sind? Will der Ungetestete die Schuld von sich weisen? Wer hat sich von wem angesteckt? Ist das wichtig?

Wie bei jeder Krankheit hat auch hier der Arzt die Aufgabe, dem Patienten ein Verhalten zu empfehlen, mit dem er die Krankheit in Zukunft verhindern kann. Wie bei jedem Arzt-Patient-Gespräch ist auch hier der Arzt gefordert, die Welt dabei mitzudenken. Einen Patienten von seiner Homosexualität heilen zu wollen ist unsinnig; so weit sind wir ja nun schon (gewagte Behauptung). Was aber ist mit dem Verhalten, das Krankheit vielleicht nur begünstigt? Wenn ich einmal im Jahr wegen meines Magens zum Arzt komme, wird mir immer zugerufen: Ändern Sie Ihr Leben! Dann lache ich und gehe wieder.

Im Nebenzimmer, wo ich Frau Müller interviewt habe, gibt es Gedrängel. Der Mann sitzt dort noch und füllt seinen Fragebogen aus, die beiden von eben kommen dazu. Der Mann sieht ernst aus, auch als ich ihm zwei Tage später noch einmal über den Weg laufe hier im Haus, er hat wieder ein halb positives Ergebnis, irgendwas ist da, vielleicht auch bloß mit dem Test, immerhin hat dieser Test vier Prozent Fehlerrate, in der Medizin ist das viel. Aber er wird mit seiner Freundin gesprochen haben, da ist ihm leichter. Wohl ist ihm nicht.

Jäger erzählt, er habe den Fragebogen mit der Münchner Gay Community zusammen entwickelt. Gay Community! Jäger findet das vielleicht normal, aber ich kann sie mir richtig vorstellen, die Münchner Schwuchteln, wie sie hoffen, daß die Welt kein Englisch versteht! Gay ist wirklich alles andere als ein selbstbewußtes Wort.

Dann stelle ich mein Tonbandgerät an. Dann klingelt das Telefon. Überhaupt klingelt während des ganzen Vormittags andauernd das Telefon. Mindestens fünfmal sagt Jäger, die Telefonsprechstunde sei erst nachmittags. Bitte rufen Sie dann noch einmal an. Nein, ich habe jetzt keine Zeit. Ein Mann will einen Extratermin, weil er privat versichert ist. Jäger sagt: Wir machen hier keine Unterschiede in der Terminplanung. Dr. Jäger hat keine Sekretärin. Dann stelle ich das Tonband wieder an.

Hans Jäger, erstes Gespräch

Warum haben Sie angefangen, mit AIDS zu arbeiten?
Ich hatte zehn Jahre mit Krebspatienten gearbeitet, und zwar mit Leukämiepatienten, die sehr früh ans Sterben kommen, und bin dann in die USA gegangen, um dort mehr zu lernen über die psychotherapeutische und psychologische Betreuung. Und gleich am zweiten Tag, als ich da anfing, war da ein Suizid-Problem mit einem AIDS-

Patienten. Und das hat mich so auf die Spur gesetzt. Ich hab dann ein erstes Forschungsprojekt durchgezogen, wo wir versucht haben rauszukriegen: Wie geht es eigentlich jemand, der AIDS hat oder der im Vorfeld krank ist.

Und mit Dingen, die man lernt, wenn man über viele Jahre Leukämiepatienten betreut, kann man relativ gut ausgestattet sich mit AIDS-Patienten beschäftigen, muß dann aber noch 'ne Menge dazulernen.

Was?

Dazulernen muß man alles, was damit zu tun hat, daß die Krankheit ansteckend ist, Leukämien sind nicht ansteckend. Und dazulernen muß man dieselbe erhebliche psychosoziale Last, die mit der Krankheit verbunden ist; die gibt es bei Leukämien auch, aber längst nicht in dem Ausmaß.

Liegt diese Last nur im Sozialen?

Die Mehrbelastung liegt im wesentlichen in diesem psychosozialen Bereich. Ich glaube, das war wohl der Grund für mich, da einzusteigen. AIDS ist eben eine Herausforderung in der ganzen Möglichkeit der ärztlichen Betätigung, nämlich von der Forschung im Reagenzglas bis hin zu psychologischen Aspekten. Es sind auch alle medizinischen Disziplinen befaßt, neben Internisten und Hautärzten die Augenärzte, die Psychiater, die Pathologen, die Gastroenterologen, das heißt die Menschen, die in den Darm hineinschauen, die Neurologen; und es sind zunehmend auch die geisteswissenschaftlichen Disziplinen damit befaßt. Es macht Spaß, andere Kollegen für das Gebiet zu interessieren. Am Anfang mußte ich immer sagen: Lest doch mal, bildet euch mal weiter. Und zum Beispiel die Endoskopie, da haben die Kollegen inzwischen eine große Expertise entwickelt hier im Haus und sehen jetzt auch mehr, einfach weil sie sich eingeübt haben.

Was unterscheidet einen AIDS-Patienten von einem Krebspatienten?
AIDS ist eine schwere Erkrankung wie andere schwere Erkrankungen auch. Wir haben bei manchen Leukämien die Möglichkeit, sie erfolgreich zu behandeln, wir haben bei manchen Formen von AIDS die Möglichkeit, das erfolgreich zu behandeln, bei manchen aber auch nicht, das ist bei Leukämien ganz ähnlich. Die Lebenserwartung ist bei bestimmten akuten Leukämien zwei Jahre, manchmal etwas weniger, und sie ist bei AIDS zwei Jahre und manchmal etwas weniger. Es gibt bei beiden Krankheiten Patienten, die auch nach vier, fünf Jahren – das sind Einzelfälle – noch leben und denen es gutgeht.

Aber: Wenn Sie einem Leukämiepatienten sagen, daß er Leukämie hat und das mit ihm besprechen, dann ist es im allgemeinen so, daß die Familie näher zusammenrückt. Das wird also wärmer bei dem Patienten, das braucht er auch, er braucht körperliche und menschliche Wärme, jeder, der schwer krank ist. Und wenn sie einem AIDS-Patienten sagen, daß er AIDS hat, dann passiert meistens oder oft folgendes – es gibt ganz tolle Ausnahmen –, daß die Familie zweifach abrückt: Einmal kriegen die sozusagen den offiziellen Stempel, was sie schon immer dachten aber nie richtig wußten, daß ihr Sohn schwul ist. Wir haben in einer unserer Studien hier rausgefunden, daß nur 30 Prozent der schwulen Männer ein coming out geleistet haben. Das zweite ist, daß die Familie eine unbegründete Angst hat, sich anzustecken. Das führt nun dazu, daß gerade für denjenigen, der die Wärme und Unterstützung der Familie braucht, die Familie erst mal nicht existent ist. Wie gesagt, löbliche Ausnahmen haben wir erlebt mit Patienten, die bei uns gestorben sind oder schwer krank waren, wo die Familie und der Freund um das Bett herum sozusagen mit gelebt haben in der letzten Lebensphase.

Dazu kommt, daß AIDS immer auch anhaftet, daß es etwas ist, das schuldhaft entstanden ist. Das ist natürlich ein ganz unsinniges Prinzip, dieses Prinzip von Schuld und Krankheit, das kann man schon mit dem Beinbruch beim Skilaufen ad absurdum führen, der wäre dann auch schwer zu verurteilen. Es hilft niemand das Gefühl, schuld zu sein an dem, was man hat, im Gegenteil: Das schadet. Wir haben auch mal eine Untersuchung gemacht, wie weit Schuldgefühle vorhanden sind, zum Glück waren die gar nicht so ausgeprägt bei den AIDS-Patienten.

Wenn jemand schwer krank ist, dann ist er da, hat Schmerzen, braucht Medikamente, und zwar viele, braucht Infusionen, und dann unterscheidet er sich nicht mehr so sehr, aus der medizinischen Sicht.

Er unterscheidet sich, weil er sich auch dann mit seiner Homosexualität auseinandersetzen will; manche haben das aber auch geleistet und können einfacher Patient sein, aber viele haben da noch Schwierigkeiten und machen Schuldzuweisungen in einer Situation, die dafür nicht geeignet ist.

Bei Krebs gibt es sicher auch Mythen, aber es gibt bei dieser Krankheit sehr viel mehr Mythen, die viel mit Sexualität und Sterben zu tun haben.

Praktisch alle, die bei mir erfahren, daß sie HTLV III-positiv sind – das sind nur noch wenige, weil die meisten schon kommen mit diesem Wissen –, mache ich damit vertraut, daß es Selbsthilfegruppen gibt und empfehle auch, dahin zu gehen. So etwa die Hälfte kann mit dieser Empfehlung was anfangen. In Einzelfällen überweise ich zum Therapeuten.

Es haben sich in München bisher sieben Selbsthilfegruppen gebildet, und das deutet an, daß da noch ein starker Bedarf ist.

Überhaupt kann man ja in der Schwulenszene sehen, daß die in vielerlei Hinsicht das repräsentieren, was sonst die Familie gemacht hat. Es sind Hilfssysteme gewachsen, von denen wir nicht im entferntesten annahmen, daß sie überhaupt möglich wären. So die platte Meinung ist doch erst mal über einen fünfunddreißigjährigen schwulen Mann: Der hat ja nie gelernt, Verantwortung zu übernehmen, hat für sich selbst verdient, keine Familie, keine Kinder, und mit den Eltern ist er auch nicht sehr in Kontakt – und wir haben gesehen, daß man AIDS-Arbeit heute gar nicht mehr machen kann ohne AIDS-Hilfe.

Wir haben bei einem Forschungsprojekt hier in München 93 gesunde schwule Männer untersucht, wir wollten wissen, wie ist es denn, wenn jemand nicht infiziert ist, mit dem Immunsystem und so. Das wär ja gar nicht möglich gewesen, 93 gesunde schwule Männer auf Herz und Nieren und auf ihre psychische Vorgeschichte und auf ihre Zahl der Partner und all das hin zu untersuchen, wenn nicht eine Vertrauensbildung dagewesen wäre, aber wenn nicht auch die Münchner AIDS-Hilfe dagewesen wäre. Gerade auch mit den Erfahrungen, die wir in unserem Land haben mit den Schwulen, mit Gesundheit, Krankheit und auch mit Forschung an Homosexuellen. Wenn wir 50 Jahre zurückblicken, da sind Sachen passiert, die es auch jetzt noch verständlich machen, daß da eine Zurückhaltung besteht.

Was der Faschismus auch gebracht hat, ist eine Abwehr gegen jede Art von Sichkümmern um Schwule, das gleich als Angriff und Gefährdung – zu Recht – erlebt wird.
Ich bin aus ganz medizinischen Gründen gegen Meldepflicht, weil wir damit eine stärkere Grauzone bekommen würden. Die Leute würden doch gar nicht kommen.

Weil es mißbrauchbar ist.
Einen Überblick über die Krankheit können Sie auch aus dem bisherigen Material bekommen. Wir hätten vielleicht ein paar Fälle mehr, aber das macht den Kohl nicht fett. Das Problem ist zunächst ein qualitatives Problem.

In den USA ist es inzwischen ein quantitatives. Ein Drittel aller Kosten, die für Infektionskrankheiten dort anfallen, werden für AIDS ausgegeben. AIDS ist die Todesursache Nr. 1 von Männern zwischen 25 und 40 in New York. Geld, das wir jetzt ausgeben für Information und Qualifikation, sparen wir ja hinterher wieder ein. Jeder, den wir jetzt davor bewahren, sich zu infizieren, ist ja direkt verdientes Geld, sozusagen.

Wissen Sie, wenn man zum Beispiel Herzkatheter legt oder Magenspiegelungen macht, dann wird ein Arbeitsschwerpunkt gebildet; der wird personell ausgestattet, und dann kann man vernünftig arbeiten. Und da warten wir hier noch auf die Hilfe durch die Administration.

Es wird hier viel gearbeitet mit Doktoranden, und wir arbeiten relativ viel mit Freiwilligen aus der Szene. Das ist keine Lösung.

Zum Essen kann mich Jäger nicht mitnehmen, weil ich keine Essensmarke habe für die Kantine; ich nehme an, er hat auch keine Lust dazu.

Ich werde mit Hans essen, der noch kurz reinschaut und sich nach dem weiteren Tagesablauf erkundigt; er liegt hier auf Jägers Station, für drei Tage. Hans ist Mitte Dreißig, freundlich, stämmig und attraktiv. Hans hat ein Kaposi-Sarkom.

Jäger fragt ihn: Wie geht es Ihnen? Gut, er lacht, müde halt. Haben Sie akute Beschwerden? Nein. Jäger fragt die Liste ab. Hatten Sie Durchfall? Nein. Dann, nach einem kurzen Zögern: Doch, einmal. Jäger sieht ihn sich an, zeigt dem Doktoranden Mayr die blaubraunen Stellen auf der Haut. Die Stellen jucken nicht, man kann sie anfassen, befühlen, hin und her schieben. Sie sind unauffällig. Als die erste Untersuchung abgeschlossen ist, gehen Hans und ich in das Gasthaus gegenüber. Wir sitzen mitten unter den Kindern, die hier unruhig werden, unter den älteren und weniger älteren Leuten dieses Dienstagnachmittags; ein kleines Tonband auf dem Tisch.

Hans betreibt mit seiner Mutter einen Laden. Hans ist die absolute Frohnatur. Er sieht gut aus, freut sich über das Interview, fragt nach meiner Arbeit. Er lacht viel. Beunruhigungen spricht er gelassen aus. Er ist der Typ, der mit Jeans und Karohemd in die Subkultur geht. Hans hat niemandem von seinem Kaposi-Sarkom erzählt, außer seinem Freund. Seiner Mutter erzählt er Geschichten, wenn er ins Krankenhaus geht.

Mehr als Diagnostik ist hier nicht nötig. Die Krankheit, deren Namen Hans umgeht auszusprechen, er hält dies wie viele Kranke mit vielen Krankheiten, die Krankheit wird beobachtet, das Krankheitsbild ist stabil. Hans kann lange so leben. Er braucht nicht isoliert zu werden, er kann arbeiten, er kann seine Krankheit verheimlichen. Dazu muß man wohl auch raten.

Hans lacht, wenn er erzählt. Er sagt:

Hans

Du bist hier eingewiesen?
Ja, für drei oder vier Tage, das haben wir offengelassen. Wie es mir geht, alles nachschauen. Ich war erst einmal vorher drin, neun Tage, bin ganz gründlich untersucht worden.

Wie bist du darauf gekommen, zum Jäger zu gehen?
Ich hab seine Adresse vom Gesundheitsamt bekommen. Da war ich eben, den Test machen lassen, weil ich immer sehr, sehr müde war. Und der war positiv, dann bin ich zuerst zum Hausarzt gegangen, ich hatte so einen Pilz im Mund gehabt, der ist dann behandelt worden, ging wieder weg, und ich hab mich dann ganz wohl gefühlt, aber die Flecken haben mich immer noch gestört. Und mein Hausarzt hat gesagt, das kann sehr vieles sein, mich getröstet, der wollt's halt nicht sagen oder was, und dann hab ich den Jäger angerufen. Und normalerweise heißt's ja, man muß sechs Wochen warten, aber wenn man Flecken hat oder so, dann nimmt er einen sofort, das war ganz toll, am nächsten Tag hatte ich einen Termin.

Beschwerden hab ich überhaupt keine. Bis auf das, daß ich eben nicht mehr so belastbar bin wie früher. Werd schneller müde. Die ganzen typischen Beschwerden hab ich alle nicht. Das find ich toll. Die Krankheit ist natürlich beschissen.

Mit wem hast du gesprochen?
Ja, mit meinem Freund. Der ist auch positiv.

Und schlaft ihr noch zusammen?
Wir schlafen noch zusammen, aber eben mit Kondom. Das ist eine Umstellung mit dem Sex, aber das kann man schon alles arrangieren.

Und wie hat er reagiert?
Er hat überhaupt keine Symptome. Er hat mir schon sehr geholfen. Weil, man tendiert dann schon dazu, daß man sehr depressiv wird. Und da hat er mir geholfen, und zwar nicht weinerlich, sondern er hat mich einfach aufgerichtet.

Wohnt ihr zusammen?
Wir wohnen zusammen, ja.

Und du arbeitest zusammen mit deiner Mutter, die aber nichts weiß?
Sie weiß, daß ich homosexuell bin, aber von meiner Krankheit weiß sie natürlich nichts.

Und die Stimmung? Hast du das Gefühl, eigentlich möchtest du's ihr sagen?
Nein. Ich möchte ihr gar nichts sagen.

Warum nicht?
Meine Mutter ist 75 Jahre, und das ist eine wahnsinnige Belastung für sie. Ich hab vor, daß ich den Status, wie ich jetzt bin, einigermaßen halte, so lange, bis es eben wirklich irgendwas gibt dagegen, und da braucht sie's überhaupt nicht zu wissen. Wenn's dann irgendwas gibt, dann kann ich ihr ja sagen: Du, wart einmal, bei mir war des so und so; aber momentan sag ich's ihr nicht.

Du verstehst dich gut mit ihr?
Ja.

Mit deinem Freund, ist es da jetzt belastet?
Sex ist schon belastet. Es geht einem ab, daß man sonst mit überhaupt niemandem mehr Sex machen kann. Wenn man einen Jungen sieht auf der Straße, denkt man sich: So ein Scheiß. (Er lacht.) Manchmal will einen einer anmachen, und man kann einfach nicht. Das ist schon schwierig. Ansonsten ist das Leben fast schöner, weil man mehr unternimmt. Früher bin ich Samstag in die Sauna gegangen, Sonntag ins Kino; heut fahrn wir in die Berge, arbeiten im Garten, diese ganzen Sachen. Man freut sich auch mehr an Dingen, die man selber hat, wir haben im letzten Jahr ein paar Teiche angelegt, da freut man sich jetzt viel mehr. Das war früher so nebenbei.

Ich les auch wieder viel mehr Bücher. Ich war früher sehr promisk. Hatte sehr viel Sex, teilweise auch mit Drogen; man vergißt eigentlich, daß es anderes auch noch gibt. Und das muß man halt wieder lernen, daß man sich drüber freut, wenn man einen Vogel fliegen sieht, daß man sich über Kleinigkeiten freut, die sonst völlig vorbeigehn an einem. Und das macht viel aus, daß man jemanden hat, mit dem man sprechen kann.

Und so Überlegungen, die man dann hat, am Anfang. Zum Beispiel seit einem Jahr hab ich vor, mir eine neue Einbauküche zu kaufen, die kostet mich 30.000 Mark, da will ich die größte haben, die es gibt, die hält für fünfzehn Jahre. Aber dann fängt man zu denken an, die hält für fünfzehn Jahre, vielleicht hab ich nur noch ein paar Jahre zu leben. Also ich war echt dran, meine ganzen Pläne abzubrechen. Aber des ist das Allerschlimmste, was man machen kann. Und da hat mir mein Freund sehr drüber geholfen. Mir die Lustlosigkeit genommen. Gesagt: Schau mal, welche wollen wir kaufen.

Wie ist es hier im Krankenhaus?
Es ist eher angenehm. Komischerweise, das hätt ich nämlich vorher nicht gedacht. Ich kann mich ausschlafen, wenn ich müde bin, ich kann tun und lassen, was ich will, und toll ist natürlich, daß ich abends nach Hause gehen kann, daß man nicht alleine schläft. Das macht schon viel aus. Irgendwie find ich's ganz entspannend. Es ist immer ein blödes Gefühl, wenn man ins Krankenhaus geht. Aber wenn man drin ist, ist es nicht schlimm. Der Jäger ist wahnsinnig nett. Das ist das allerwichtigste bei der Krankheit, daß man einen guten Arzt hat. Er gibt einem das Gefühl, daß man in guten Händen ist.

Ich hatte ein Erlebnis hier mit einem jungen Pfleger, mit dem hab ich mich über die Krankheit unterhalten, und er fragte mich, ob ich weiß, wie das jetzt weitergeht. Hab ich gesagt: Na ja, wahrscheinlich werd ich eben irgendwann in absehbarer Zeit wieder reinkommen. Da hat er gesagt: Ja ja, das geht dann in immer kürzeren Abständen. Das fand ich dann schon etwas doof von ihm. Das hat mich sehr beschäftigt. Ich weiß es ja, aber wenn man dann so drauf gestoßen wird.

Kannst du mit jemand anders noch sprechen, hast du so einen Bekanntenkreis?

Nee, hab ich nicht. Hab ich schon, aber die wissen des nicht. Mit denen telefonier ich ab und zu mal, aber ich möcht nicht drüber reden. Ich weiß ja, wie es in Schwulenkreisen ist, es gibt dann ein Getuschel um einen, ich haß des. Ich hab mir auch schon überlegt, ob ich zu so Selbsthilfegruppen gehen sollte, aber ich glaub, das ist doch nichts für mich. Vielleicht würd ich meine Meinung ändern, wenn ich drin wär, aber mir ist einfach der Gedanke unangenehm, daß ich zu Leuten hingeh, die ich überhaupt nicht kenne. Ich hab im Fernsehen so Leute von einer AIDS-Hilfe gesehen, und die haben sich so tuntig aufgeführt, meiner Meinung nach. Im Fernsehn!

Daß Leute anfangen würden, mir nicht mehr die Hand zu geben, das würde mich schon belasten. Vor allem, wenn meine Kunden das wüßten, ich glaube schon, daß die wegbleiben würden. Es gäbe sicher ein paar, die soweit aufgeklärt sind zu wissen, daß sie sich nicht anstecken können und die dann vielleicht noch eher kommen würden, weil ich ihnen leid tu, aber die Masse würde wegbleiben.

Ich geh seit einem halben Jahr nicht mehr in die Sauna. Aber ich war vorher noch so einige Male da, hab zwar nur Handbetrieb gemacht mit den Leuten, da wußt ich, daß ich positiv bin, da wußt ich also noch nicht, daß ich also, da kannt ich Jäger noch nicht. Hab also nichts mehr gemacht. Ich hab eigentlich relativ ziellos gelebt vor meiner Krankheit. Eben konsumiert wie alle andern. Und wenn man Drogen nimmt, find ich, daß man eben ein bissel das Leben verliert. Weil die Droge einfach dann so wichtig wird. Ich hab Kokain genommen ziemlich lang, und Kokain ist schon ein richtiges Scheißzeug.

Die Sachen haben mich dann auch, durch die Krankheit nehm ich an, nur noch müde gemacht. Es war alles nur noch Abführmittel. (Er lacht.) Ich würd auch gern mal wieder nach Berlin fahren. Aber du überlegst dir: Zu was? Berlin kennst du schon, und in der Sauna übernachten und so, das geht halt nicht mehr. Du kannst ja nichts mehr machen. Da kann ich zu Hause bleiben. (Er lacht.)

Hast du das Gefühl, du bereust es?
Überhaupt nicht. Ich bin selber schuld, daß ich's hab, aber bereuen tu ich's nicht. Leid tun mir die Leute, die's durch 'ne Blutinfusion kriegen, die haben nicht mal was gehabt davon. Kommen wie die Jungfrau zum Kind.

Wenn man sich überlegt, eigentlich ist man doch ganz gut dran, daß man sechsunddreißig geworden ist. Die jungen Leute, die heute rauskommen und merken, daß sie schwul sind, sie wachsen ja mit Ängsten auf, das muß ganz, ganz schlimm sein, das hatten wir alles nicht. Wir haben unser Leben genossen. Im Mittelalter sind die Leute nur dreißig Jahre alt geworden.

Was wünschst du dir?
Zufriedenheit.

Und wie kriegt man die?
Ich bin im großen und ganzen ein sehr zufriedener

Mensch. Mir geht es gut, ich bin finanziell unabhängig, ich habe einen Freund, ich kann mir ziemlich viel leisten. Ich glaub, daß ich einigermaßen mit mir selber zurechtkomm, auch mit der Sexualität und mit allem, daß ich mich selber bejah wie ich bin. Daß ich schwul bin, da steh ich schon jahrelang zu, aber wenn mich jemand fragen würde, ob ich schwul bin, daß ich ganz ohne weiteres ja sag, das hätt ich früher nicht, das würd ich jetzt machen. Und gerade jetzt, wo die Hetero-Hetze auf die Schwulen offensichtlich wieder angeblasen wird, wegen dieser Krankheit, find ich, sollt man noch viel mehr zu seinem Schwulsein stehen.

Die Dinger hier, die störn mich natürlich, diese blöden Hautstellen. Ich hab auch Hemmungen, deswegen, in ein schwules Lokal zu gehen. Vielleicht ist es unauffällig, aber es gibt doch viele Leute, die es wahrscheinlich kennen. Man selber nimmt es halt dann an, nicht. Jeder wird da drauf schauen.

Was auch blöd ist, daß man bei jedem Pickel schon bald verrückt wird und denkt: Mein Gott, jetzt kommt schon wieder so ’n Ding; und dann stellt sich eben raus, daß es dauernd nur Pickel sind. Aber jedesmal fängst du an zu denken.

Ich lese alles über AIDS. Ich habe alles über AIDS gelesen. Und des und des könnte der Anfang von AIDS sein, und dann liest man des, und dann schießt es einem durch den Kopf, das war schon schlimm. Der Anfang ist sehr schwierig von der Krankheit.

Telefonsprechstunde, Dienstag nachmittags. Jäger sitzt an seinem Schreibtisch, macht Notizen, befühlt sein Ohr, hört zu, redet ruhig. Wenn jemand neu ist, fragt er zuerst: Haben Sie den Test schon gemacht? War das Ergebnis positiv? Glauben Sie, daß Sie AIDS haben? Wie, glauben Sie, kann ich Ihnen helfen? Jäger gibt einem der Anrufer einen Termin, den er das alles gefragt hat, der Anrufer, entnehme ich dem betont ruhigen Ton Jägers, ist sehr aufgeregt. Der Anrufer wird sechs Wochen Wartezeit überstehen müssen. Als Jäger auflegt, frage ich ihn: Hatte er ihn gemacht? Ja. War er positiv? Ja. Warum will er kommen? Angst. Wir haben, sagt Jäger dann noch, öfter ein Kaposi-Sarkom gefunden, das andere nicht bemerkt hatten.

Viele der Anrufer kennt er, sie erwarten ihr Testergebnis oder die von anderen Untersuchungen zum Allgemeinzustand. Er sucht den Namen in seiner Liste, in der Liste steht die Nummer, unter der Nummer hängen im Schrank die Akten. Er erklärt ausführlich die Befunde, bespricht die Tendenzen der Blutwerte, bringt statistische Vergleiche, nennt Zahlen. Und immer wieder die Frage: Wie geht es Ihnen. Sie ist der Anfang, und sie ist zwischendurch die Erinnerung daran, wie es jetzt ist, in diesem Moment: Nicht so schlimm, wie die Stimmen wohl klingen.

Einer ist besorgt um seine Versicherung, er ist positiv und weiß nicht, ob er das bei Abschluß seiner Lebensversicherung angeben muß. Von alleine, sagt Jäger, müssen Sie das nicht, Sie sind ja nicht krank. Wenn die Versicherung Sie aber fragt, und immer mehr Versicherungen tun dies, machen Sie sich schuldig, wenn sie lügen. Ich hätte Ihnen in diesem Fall empfohlen, den Test nicht machen zu lassen. Der Patient entgegnet etwas, Jäger sagt: Sie verstehen, daß ich Ihnen da weder zu- noch abraten kann. Krank sind Sie jedenfalls nicht.

Jäger redet ruhig, fragt schnell ab, fragt immer weiter, insistiert, will wissen. Aus Oldenburg ruft einer an, er kommt hierher zum Test, regelmäßig, läßt sich hier beruhigen. Warum geht er nicht in Oldenburg? Offenbar ist dieser Test so ungeheuer, daß er ihn vom Alltag vollkommen trennt, er fährt diese lange Strecke und hört über sich, hier trifft er niemanden auf der Straße. Aber ist Telefon sicher? Es kann jemand eingeschaltet sein, aus Versehen vielleicht, aber was ist schon sicher? Was ist das, dieser Drang nach Verschwinden, dieses Unauffälligsein, dieses Nichtexistieren?

Nachmittags besuche ich Clemens Scheidegger. Er wohnt in den großen hellen Hinterräumen einer Galerie. Er hat eine gut sitzende, schöne tiefe Stimme. Er bietet mir keinen Kaffee an. Er sagt:

Clemens Scheidegger

Du bist Doktorand. Was ist ein Doktorand?
In der Regel macht man, wenn man Medizin studiert, eine Doktorarbeit am Schluß. Und ich wollt in diesem AIDS-Bereich eine Doktorarbeit machen und bin so zum Jäger gekommen. Da bin ich jetzt seit anderthalb Jahren.

Vorher hab ich im Labor gearbeitet, wo ich Methoden gelernt hab, so Immungeschichten zu machen, Zellen isolieren. Ich habe das gern gemacht. Es war eine reine Laborgeschichte, und beim Jäger hat mir gefallen, daß es eine klinische Sache ist. Ich würd gern Therapiestudien machen, wo man vormittags seine Patienten betreut und nachmittags ihre Befunde auswertet. Daß man sich überlegt, wie funktioniert das jetzt mit dem Immunsystem. Was kann man da machen, wie kann man was einsetzen, wo kann man nichts einsetzen, wie könnt man da intervenieren. Das ist das, was mir Spaß macht.

Und AIDS ist natürlich auch das Spannendste, was der Medizinbereich im Moment zu bieten hat.

Was ist das Interessante an den AIDS-Patienten?
Mich interessieren auch andere Patienten. Ich hab den Anspruch, daß man jemanden, der kommt, vernünftig betreut. Also es ärgert mich auch, wenn sich jemand den Haxn brochn hat und man redet nicht gescheit darüber.

Was ist der Unterschied zwischen einem Leukämie- und einem AIDS-Patienten?
Meiner Meinung nach ist da kein großer Unterschied. Es gibt unterschiedliche Auswirkungen, je nach der Lebenssituation von so einem Patienten. Wenn er das nicht erzählen kann oder nicht erzählen will, daß er AIDS hat, dann ist das für den sehr schwierig. Aber prinzipiell. Daß man eine schwere Krankheit hat, mit der man leben muß, wo man irgendwie weiß, daß die Perspektive, was die

Lebensdauer angeht, nicht sehr gut ist; damit muß jeder genauso kämpfen.

Es hängt halt viel damit zusammen, wie man so Leute betreut. Es gibt schon Situationen, vielleicht in Häusern wo man die Freunde nicht auf Station läßt, dann ist es einfach schlimmer.

Und wie ist die Betreuung bei euch?
Ich glaub, daß es vom Konzept her ganz gut ist. Es ist schwierig, weil im Ambulanzbereich kein Personal da ist. Das macht es sehr schwierig. Außer dem Jäger sind die ganzen Leute freiwillig, mehr oder weniger. Es müßte den ganzen Tag einer da sitzen. Ich studiere eben die ganze Zeit, außer dienstags.

Findest du AIDS ne Gemeinheit?
Ne Gemeinheit?

Ja.
Na, gschert find ichs schon.

Ich hab ja weniger mit AIDS-Patienten zu tun als mit HTLV III-Positiven. Die sind halt erstmal gesund. Aber ohne Depressionen geht das bei keinem ab. Ich glaub, daß das sehr wichtig ist, daß wir erstmal feststellen, was so medizinisch ist oder nicht ist, und daß man dann bespricht, wie das jetzt mit ihrer Sexualität weitergeht, wie das mit ihrer Familie weitergeht, was für Umgang sie jetzt haben können oder nicht. Also zu bestätigen, zu sagen: Klinisch sind Sie gesund, Sie haben kein Fieber, Sie haben keinen

Nachtschweiß und nichts; das ist unglaublich wichtig. Da irgendwas abzubauen, was es vielleicht nicht braucht.

Oder mit dem Mann, der halt einfach Schuldgefühle hat. Der weder HTLV III-positiv ist noch Syphillis hat noch sonst irgendwas hat; ihm mal zu sagen, was will er eigentlich. Mit dem Mann hab ich heut versucht zu reden, was das ist, wovor er so Schiß hat. Er hat diese Schuldgefühle, weil er im Puff gehockt ist, und das rumort nun fürchterlich in ihm herum, weil er es seiner Freundin nicht sagen kann. In dem Fall ist es kein medizinisches Problem, sondern es geht darum, zu reden. Die sind nicht lang da, die Leute, aber halt zu besprechen, ob er nicht doch mit seiner Freundin reden kann. Die muß ihn ja nicht gleich rausschmeißen. Und sowas braucht es halt noch viel mehr. Ambulanzen wie hier im Schwabinger Krankenhaus, wo mehr Zeit ist, wo die Leute öfter hingehn können.

Bei jemand, der HTLV III-positiv ist und gesund ist, geht es dadrum, so einen Alltag herzustellen, in dem man ganz gut leben kann ohne Depression. Also medizinisch ist da nicht viel zu tun. Viele schwule Männer haben ne unbehandelte Syph oder sowas, aber das ist einmal zu behandeln und fertig.

Einen Alltag herstellen, der für viele da ist.

Was ist AIDS?

AIDS ist ein klassisches medizinisches Problem, eine Infektionskrankheit. Wo es zumindest theoretisch die Möglichkeit einer Thearpie gibt. Im Gegensatz zu den ganzen chronischen Leiden, wo man halt Stückwerk machen kann, gibts hier zumindest theoretisch die Möglichkeit – das ist auch das spannende am AIDS –, daß man da was ganz plausibles finden könnte.

Prinzipiell ist da erstmal das Virus. Soweit man das heut kennt, geht ohne Virus nix. Was da an Ko-Faktoren, an genetischen, immunologischen und psychosomatischen Dingen dazukommt, stell ich mir vor, ist dann sekundär.

Und was ist mit den Paaren, wo einer negativ ist und einer positiv?
Das widerspricht nicht einer Virustheorie. Es ist bei den Ehefrauen der Bluter zum Beispiel so, da sind es vierzig Prozent, die negativ bleiben, und bei schwulen Paaren gibts eine Studie in England, daß ungefähr ein Drittel negativ bleibt. Mei, das liegt halt dadran, es muß ja nicht immer ein aktiver Virus im Körper sein. Es gibt sicher individuelle Unterschiede, erstmal in der Übertragung, und dann, ob jetzt jemand ohne etwas zu bemerken das wegsteckt. oder ob irgendwann mal was passiert. Also da gibt es schon diese Unterschiede. Das ist auch bei jeder andern Viruskrankheit so: Der eine kriegt Hepatitis, der andere kriegt Antikörper und der nächste hat einen Kontakt, ohne daß er Antikörper entwickelt und krank wird.

Ich glaube, es kann kein Mensch sagen, wie und aus welchem Grund er krank wird.

Aber jeder hat seine Alltagsmythologie.
Ja. Die ist wichtig. Die gehört auch kultiviert.

Wenn jemand in die Sprechstunde käme und sich auf den Boden werfen würde und schreien: Ich will nicht sterben, ich will nicht sterben. Was würdest du denken über diese Person? Was tun?
Extrem gedacht, gibts zwei Möglichkeiten: Es könnt mich aufregen, wenn ich den nicht mag, es ist mir einfach zu viel. Aber es könnt auch sein, daß ich diese Person mag und mich halt irgendwie drum kümmer, also daß ich dann hingeh und die in den Arm nehm, das kann genauso gut sein.

Welche der beiden Varianten wäre dir lieber?
Ja, wenn ich die Person dick hab und ich mich aufregen würd, hätt ich natürlich Schuldgefühle.

Weil man das als Arzt nicht darf.
Das tut man nicht. Es ist keine Distanz, wenn man sich drüber aufregt.

Die AIDS-Patienten, die ich gesehen hab, das lief schon anders. Drastische Ausbrüche hab ich da nie gesehen. Ich war fasziniert, wie gefaßt die meistens waren. Da warn auch so ganz tolle Situationen dabei, zu sehen, daß Leute, die vielleicht jetzt nimmer so lang zu leben haben, was die für erstaunliche Perspektiven dann entwickeln, was man aus der Zeit noch machen könnte. Das hat mich sehr beeindruckt. Wo ich denk, da hab ich auch was gekriegt in der Arbeit.

Die drastischen Ausbrüche gibts eher bei Patienten, wo nicht soviel dahinter ist. So hab ichs erlebt.

Man hat ja zum Patienten eine eigenartige Beziehung. Man verdient damit sein Geld oder macht damit seine Doktorarbeit, und hat gleichzeitig Beziehungen zu den Leuten. Und ich brauch auch die Klarheit, daß das keine Privatbeziehung ist. Daß man sich raushält, um vernünftig arbeiten zu können. Ich brauch die Distanz. Ich will ja dann auch heimgehen und mein Leben halt führen.

Wenn ich selber HTLV III-positiv wäre, würd ichs nicht machen. Dann würd ich das nicht jeden Tag sehen wollen. Also ich kann mir vorstellen, wenn dann irgendjemand ganz hysterisch reagieren würde, daß ich dann sag: Jetzt reg dich nicht auf, andere Leut sind auch positiv. Und so kann ich halt sagen, ich kann das gut verstehen. Das ist der Unterschied. Wo man dann ein Maß der Beteiligung hätte, was nicht mehr produktiv ist und nicht mehr gut ist.

Abends in der Deutschen Eiche schmeißt Elisabeth Volkmann mit Eiern, bald ist Ostern. Barbara Valentin guckt etwas pikiert, hinter ihr rutschen die Reste die Wand runter. Dann umarmen sie sich.

Am andern Tag besuche ich den Doktoranden Christoph Mayr, natürlich klingle ich bei einem falschen Meier. Christoph Mayr ist Anfang Zwanzig, groß, seine weitsichtigen Augen überlegen immer. Er wohnt mit einem Koch zusammen. Er sagt:

Christoph Mayr

Vor ein paar Jahren hab ich beim Dr. Jäger famuliert, und es hatte sich ein Gespräch entwickelt, nachdem ich ihm zufällig über die Schulter geschaut hab und gesehen, daß er da einen Brief aufsetzte mit dem Briefkopf Arbeitsgruppe AIDS. Und da erzählte er mir, daß er sich in das Thema einarbeiten will, daß er Doktoranden sucht, und daß er sich gut vorstellen könnte, daß es ein Homosexueller macht, weil der die Lebenssituation besser begreifen kann, ihm die Problematik auch näher ist. Und ich war immer an AIDS interessiert, als Mediziner wie als Schwuler, und die Idee, eine Doktorarbeit über AIDS zu schreiben, war für mich toll.

Ich finde, daß mit der Krankheit AIDS so viele Fragen, Probleme, Aspekte aufgeworfen sind, daß es nicht allein genügt, sich mit der Epidemiologie oder mit der Therapie der Krankheit oder mit der Prophylaxe zu befassen. Es genügt nicht, wenn da eine riesige Safer Sex Kampagne vonstatten geht.

Ich selber merke, daß ich da in einem Spannungsverhältnis steh, auf der einen Seite als Doktorand, der sich wissenschaftlich mit dem Thema beschäftigt, der also irgendeinen Drang verspürt da was zu tun; und auf der anderen Seite als Schwuler, also zugehörig zu einer sogenannten Risikogruppe, der sich mit dem Thema beschäftigen muß, weil es ihn irgendwann selber betreffen kann, der sich mit Themen wie Krankheit, Tod, Isolation beschäftigen muß.

Du trittst dem Kranken gegenüber als jemand, der helfen kann, weil er zufällig nicht krank ist. Gewöhnt man sich an den Gedanken, daß jemand stirbt, daß jemand nicht aufstehen kann, daß jemand weint?
Daran muß man sich gewöhnen. Wenn man ständig mit Krankheit zu tun hat, mit Tod, mit Sterben, mit Hilflosigkeit, dann wird man Distanz schaffen. Und das ist wichtig für die Arbeit. Weil, wenn man sich ständig identifiziert, dann glaub ich hindert das an der Arbeit. Und das gilt auch für AIDS. Das bedeutet nicht Abstumpfung, obwohl das auch vorkommt.

Eine gewisse Distanz ermöglicht imgrunde erst, an den Leuten, mit den Leuten zu arbeiten. In gewissem Sinn hilft mir das auch, über mich selber nachzudenken. Wenn man andere leiden sieht, bleibt man eher gesund, das ist komisch. Die Probleme, die man selber hat, die fallen nicht mehr so in die Waagschale, weil man sieht, wie schlecht es andern geht. Es ist etwas, wo man sich selber gesund erhält, mir geht es oft so.

Der Patient gestattet dir, ihm zu helfen. Was kannst du bieten?
Ich hoffe, ich kann ihm bieten ein gewisses Gefühl der Sicherheit, was den Wissensstand betrifft, der ja zur Beruhigung beiträgt. Ich hoffe, ich kann ihm bieten genügend Zeit, dem Einzelnen, das hoffe ich sehr. Ich hoffe, ich kann ihm bieten ein Gefühl, ein Mitgefühl, ein Gefühl des Verstandenseins, das sehr wichtig ist.

Man kann in der Medizin nicht immer helfen. Es gibt

viele Gebiete, wo man nur lindern kann. Jemanden imgrunde zu begleiten durch eine Phase seines Lebens, die für ihn sehr schwierig ist. Ich sehe mich da nicht nur als einen, der eingreift, wo was hakt, wie so ein Automechaniker, sondern als Begleiter.

Und ich kann ihm die Möglichkeit anbieten des Gesprächs. Ich würd aber im selben Moment den Exklusivcharakter des Gesprächs, die einmalige Situation, die es für viele hat, weil sie geschwiegen haben in ihrem Freundes- und Bekanntenkreis, die würd ich zu durchbrechen suchen, indem ich ihm ganz stark ans Herz leg, daß er sich öffnen soll. Denn Schweigen ist ja das schrecklichste.

Was wäre für dich in der Sprechstunde die schrecklichste Situation?
Daß ich mit jemandem konfrontiert werde, den ich kenne. Ein Bekannter von mir ist an AIDS gestorben, und das berührt einen natürlich mehr als eine Situation allgemein. Es trifft mich, wenn jemand kommt, halt positiv ist, und dann Dinge passieren, etwa eine Freundschaft in die Brüche geht. Oder sich andere Zeichen von Isolation bemerkbar machen. Das trifft mich, weil ich eben auch schwul bin und ich mich in jedem Moment, das ist die besondere Situation, identifizieren kann mit dem was passiert. Von daher fehlt mir die unmittelbare Distanz, aber das macht eben meine Person in der Arbeit aus. Wieweit ich damit umgehen kann, wird sich rausstellen.

Nur dann, wenn ich für mich selber ne Einstellung zu dem Thema gefunden hab, kann ich anderen Leuten helfen. Ich kann an mir im Moment keine Angst feststellen zu erkranken, ich weiß nicht woher ich den Optimismus hab. Ich habs beschlossen. Ich überleg mir das gerade bei der Krankheit AIDS, inwieweit ich mir, ketzerisch formuliert, diese Krankheit zuziehen will, inwieweit ich einen Krankheitsgewinn hab, oder inwieweit nicht. Nun wird jemand der AIDS hat sagen: Na ich wollt die Krankheit nicht haben! Also mit diesem Modell, das ich selber habe, kann ich dem andern nicht unbedingt helfen. Sowas kann man dann vielleicht erst im Rahmen einer Selbsthilfegruppe erarbeiten, wenn das Thema ansteht.

Nachts gehe ich auf die 20b. Wie ich immer an dem Pförtner vorbeikomme, weiß ich nicht; jedenfalls hält er mich kein einziges Mal an, fragt mich auch nur irgendwas. Vielleicht ist das überall und immer so: Tasche festhalten und durch! Wer so tut, als hätte er Mut, wie sollte der aufzuhalten sein?

Nachts ist das Krankenhaus nicht mehr hell. Die Gänge sind leer und nicht weniger lang, wer hier langgeht, hat es eilig: ins Bett zu kommen vom Bereitschaftszimmer, zu einem Patienten, schnell einen Kaffee beim Kollegen.

Dr. Jäger hat Nachtdienst, Intensivstation. Die Intensivstation hat eine Klingel, Zutritt für Unbefugte strengstens verboten. Ich klingle und warte. Neben der Tür mit der Klingel ist eine Tür ohne Klingel, da geht ein junger Mann durch, der wäre für den Beruf des Journalisten geeignet. Aber ich will ja nicht rausgeworfen werden. Schließlich summt es, eine Krankenschwester fragt nach meinem Begehr. Die Schwester hat keine Haube, einen weißen Hosenanzug, ein Schild mit ihrem Namen. Das Begehr wird durch eine Sprechanlage weitergegeben. Dann holt mich Dr. Jäger in sein Zimmer: Schlafcouch, kleines Regal, Bücher, eine Schreibmaschine. Dr. Jäger sagt:

Hans Jäger, zweites Gespräch

Was ist eine Situation, die Ihnen überhaupt keinen Spaß macht?
Situationen, wo sehr viel Wiederholung drinnen ist. Da ist man gut, weil die Routine einen Teil der Qualität ausmacht, aber die sind nicht so erfüllend wie eine Situation, die neu ist, ein Problem, was neu ist. Ich arbeite besonders gern mit Patienten, die so als schwierig gelten, weil das 'ne Herausforderung ist, mit diesen Patienten klarzukommen. Spaß macht Neuland. Spaß macht neues Lernen, neue Lernmöglichkeiten, und die gibt's bei AIDS ja in Hülle und Fülle. Es gibt ein dermaßen großes Wissen, man selbst kann ja nicht im entferntesten all das lesen, was man lesen müßte. Spaß macht es, mit Leuten zu arbeiten, die mehr wissen in dem Bereich als man selbst. Deshalb bin ich auch häufig in den USA.

Wenn Sie es, wie Sie gesagt haben, mit Leuten zu tun haben, die diskriminiert werden, heißt das, Sie müssen aufpassen, sie nicht zu diskriminieren? Müssen Sie sehr auf sich aufpassen?

Eigentlich haben Sie recht. Aber ich mach das nicht. Und deshalb gibt's auch immer wieder Patienten, die zu andern Ärzten gehen. Ich glaube, das ist was ganz Natürliches, daß man nicht allen Patienten gegenüber ein guter Doktor sein kann. Nun, bei den meisten Patienten hat man das Gefühl, daß sie ganz gerne kommen. Jedenfalls beobachte ich mich nicht selber oder reflektiere über das; außer, es ist was schiefgelaufen, wo ich das Gefühl habe, da ist jemand wütend geworden in der Arzt-Patient-Beziehung mit mir, oder ich bin wütend geworden.

Ein Beispiel von heute: Da ist ein Patient, der hat heute morgen angerufen, ob er nicht sofort einen Termin bei mir kriegen kann. Obwohl ich überhaupt keine Zeit hatte, hab ich ihm gesagt, ja, er kann kommen. Das war sicher ein Fehler von mir. Dann hab ich ihn untersucht, wir haben relativ schnell herausgefunden, was er hat, und da ich wenig Zeit hatte, hab ich ihm gesagt, das und das haben Sie, und ich würde vorschlagen, daß Sie dann und dann kommen, um sich weiter untersuchen zu lassen. Das ist ein Mensch, der im Vorfeld von AIDS krank ist, also das Vollbild nicht hat, und der heute zum erstenmal da war. Der hat vorher von irgendwem gesagt bekommen, er habe AIDS, und ich konnte ihm sagen, er hat kein AIDS, er hat bestimmte andere Symptome, die wir behandeln können, auch erfolgreich behandeln können, so daß er eigentlich hätte froh sein müssen. War er aber nicht. Er hat hinterher angerufen und hat gesagt: Das war aber gar nicht schön, daß das alles so schnell gegangen wär. – Und ich hatte das Gefühl, wir sind sehr viel weitergekommen, ich hatte ihm extra einen Termin eingerückt zu einer Zeit, wo ich gar keine Zeit hatte, der hat auch gemerkt, daß ich keine Zeit hatte. Es waren einfach unterschiedliche Ansprüche. Es ist so.

Sie sind so verständnisvoll. Geben Sie ihm doch die Schuld.
Ich erinnere mich, daß ich mal in Ulm war und da die psychosomatische Abteilung besucht hab, und da kamen wir, es war im Winter, da draußen an so einer Mauer vorbei, und da stand auf dieser großen Mauer mitten im Winter, wo der Schnee da drunter lag, mit schwarzer Schrift, ganz groß: Scheißpatienten. Da hatte also jemand wirklich aus seinem Herzen keine Mördergrube gemacht, ich fand das ganz toll, weil, sonst heißt es ja immer, Scheißärzte, das kennen wir ja schon, und hier hat mal jemand geschrieben, Scheißpatienten, und das war befreiend. Sie sagen, warum geben Sie ihm nicht die Schuld. Natürlich, warum geb ich ihm nicht die Schuld.

Haben Sie schwule Männer in ihrem Bekanntenkreis?
Jetzt schon.

Gibt's nicht doch manchmal 'ne Zehntelsekunde Irritation, ein Überlegenmüssen?
Das gab's komischerweise mit den amerikanischen Patienten häufiger, die haben nämlich häufiger gefragt, ob ich nicht mit ihnen mal abends ausgehen will, und was mit meiner eigenen Homosexualität ist. Das fragen deutsche Patienten nicht, trauen es sich kaum zu fragen, vielleicht

fällt's ihnen auch nicht ein. Ich selbst habe in der Szene keine Erfahrungen gesammelt, außer als ich mal eingeladen war, in einer Disko irgendeine Benefizgeschichte zu machen. Es gibt einige Forscher, die ganz bewußt mal in schwule Lokale gehen oder auch in schwule Saunen. Ich habe nie gemeint, daß ich diese Erfahrung brauche. Mir erzählen die Patienten, was sie für wichtig halten, und das halte ich selber auch für wichtig.

Worin unterscheiden sich Berufssituationen von privaten Situationen? Was ist im Rest der Welt anders?
Die Distanz. In den beruflichen Situationen find ich Distanz eine wichtige Sache. Ich glaube, daß meine Familie von mir medizinisch relativ schlecht versorgt ist. Weil ich das auch gar nicht richtig ernst nehme, auch weil die mich nicht als Arzt kennen, sondern als Privatmenschen.

Was kann man mit dieser Distanz?
Zwei Dinge. Das Medizinmannhafte einbringen, das Schamanenhafte. Der Glaube an den Arzt hat auch damit zu tun, daß eine gewisse Distanz da ist. Ich glaube, der Arzt kann besser heilen, wenn er sich auf einer professionellen Ebene bewegt. Der Patient kommt, weil er erwartet, daß der Arzt ihn heilt, und das sind zwei verschiedene Ebenen. Wenn ich zu meinem Arzt gehe, will ich, daß er mehr davon versteht als ich. Sonst kann er mir nicht helfen. Das zweite ist der eigene Schutz. Vielleicht, Dinge nicht zu nah an sich herankommen zu lassen. Das könnte man ein halbes Jahr machen, und dann könnte

man es nicht mehr, weil man nicht genügend Abstand hält. Im Beruf ist Distanz eine Hilfe, um auch wieder Distanz herzustellen. Wobei Distanz nicht heißt, daß man nicht jemanden mal in den Arm nehmen kann oder jemandem die Hand halten oder jemanden berühren oder streicheln kann, oder daß man sich nicht einfach freundlich unterhalten kann auch über andere Dinge als das Krankheitsbild.

Was ist eine Situation, die Sie besonders berührt?
Patienten, denen es gutgeht, das ist natürlich eine tolle Sache. Wenn jemand eine schwere Krankheit hat und trotzdem arbeiten kann, trotzdem das tun kann, was er tun möchte, wenn wir dabei geholfen haben. Ich glaube, daß Ärzte letztlich nur Hilfestellung geben können. Wie beim Fahrradfahren, fahren muß man selber, und am Anfang braucht man jemanden, der einem in den Sattel hilft, das kann mit Antibiotika und mit Psychotherapie geschehen, das Sattelhalten, aber treten muß der Patient selber.

Es macht Spaß, wenn ein Patient berichtet, daß es ihm besser geht. Die meisten Patienten kommen natürlich dann, wenn es ihnen schlechtgeht. Einige aber rufen zwischendurch an, da freu ich mich sehr drüber.

Sie haben das Gefühl, daß Sie etwas tun können?
Ja, sicher. Klar. Sonst wäre diese Arbeit nicht machbar. Ich habe das Gefühl, daß wir zunehmend mehr tun können, überhaupt für Kranke, aber auch für AIDS-Patienten. Es ist ganz unübersehbar, daß durch Forschung in

den letzten zwei, drei Jahren erhebliche Kenntnisse gewonnen sind: es zeichnet sich ab, daß wir Medikamente haben, die mit dem Virus effektiver umgehen können als die bisherigen. Wir können durch Engagement, durch Forschung, durch unsere Arbeit die Situation verbessern.

Patienten und Ärzte schmeißen häufig die Flinte viel zu früh ins Korn, sie meinen: Ich hab AIDS, man kann ja sowieso nichts tun.

Es gibt ein ganz merkwürdiges Phänomen: Menschen, die meinen, sie hätten AIDS und haben kein AIDS. Manche Leute nennen das AIDS-Phobie, ich nenne das AIDS-Philie. Wenn die mir so gegenübersitzen, und ich würde ihnen sagen, Sie haben AIDS, dann würden die mir um den Hals fallen und sagen: Hab ich doch gleich gewußt, diese Testergebnisse, das war alles nicht das richtige, ich bin bei soundsoviel Spezialisten gewesen und jetzt noch bei Ihnen, endlich sagen Sie mir das, die andern haben es mir einfach verschwiegen – Menschen, die tief in ihrem Innern wissen, daß sie AIDS haben, obwohl sie es einfach nicht haben. Die so davon überzeugt sind, daß sie Ärzten, die ihnen sagen, sie haben es nicht, sehr mißtrauisch gegenüberstehen. Häufig Leute, die gar keiner Risikogruppe angehören, von weit her reisen, die die besten Spezialisten gesehen haben, die den Stempel gern haben möchten. Ein Phänomen, das ich auch bei keiner andern Krankheit bisher gesehen habe. Ich habe lange Gespräche mit denen geführt, und ich merke, die warten darauf, daß ich es sage. Wenn man das durchleuchtet, kommt man oft darauf, daß irgendwann vorher ein schuldbeladener sexueller Kontakt stattgefunden hat, das sind häufig verheiratete Leute, und daß dann diese Schuld verlagert wird auf die AIDS-Angst. Die bestrafen sich sozusagen selbst. Sie lesen über die Symptome und haben die natürlich, weil sie Angst haben, stellen diese Symptome an sich fest und sind dann felsenfest davon überzeugt, daß sie das haben.

Was wünschen Sie sich von einem Patienten?
Man kann sich nicht von einem Patienten was wünschen. Ich hab gerne Patienten, die nicht nur von mir erwarten, daß ich das nun so bringe, sondern die auch Fragen haben: Was kann ich Patient dazu tun, daß das besser wird? Das finde ich entscheidend. Das Gefühl zu haben, daß sie selbst noch Einfluß darauf haben, was läuft. Die unbequemeren Patienten sind die, die meinen, selber was tun zu können. Und fast immer können sie das auch, und das mag ich gerne.

Aber bei den Krebspatienten sind es leider nur 15 bis 20 Prozent, die mit solchen Fragen kommen, und das ist vielleicht sogar typisch dafür, daß es Krebspatienten sind, mit aller Vagheit der Vermutung. Es gibt eine amerikanische Untersuchung, die zeigt, daß Patienten, die gegen den ärztlichen Rat die Behandlung abgebrochen oder unterbrochen haben oder aus dem Krankenhaus gegangen sind, daß es denen besser geht als denen, die das nicht getan haben.

Ich glaube, jeder hat in bezug auf AIDS seine Alltagsmythologie, wo er sagt: So ist das für mich. Obwohl er

keine Beweise dafür hat. Wie geht man mit einer unsicheren Situation um?
Meine Alltagsmythologie ist, daß man sich nicht ansteckt, wenn man mit den Patienten arbeitet. Dafür sprechen viele Forschungsergebnisse; ich glaube auch, man täte sich schwer, mit dieser Angst zu arbeiten. Ich weiß nicht, wie es wäre, wenn sich viele Ärzte anstecken würden. Ich glaube, es würde sich nicht viel ändern in meiner Arbeit.

Eine Alltagsmythologie, die ich häufig bei Patienten sehe, ist das Gefühl: Ich hab da früher vielleicht was falsch gemacht, und jetzt will ich mal ganz brav sein, dann wird das schon besser werden. So wie früher, wenn man sich gesagt hat: Wenn ich jetzt noch bei Grün über die Ampel komm, dann hab ich die Zwei in der Klassenarbeit. Das ist magisches Denken. Ich will das gar nicht negativ beschreiben, es ist etwas, das man häufig sieht, sowohl bei Leuten, die sehr krank sind, als auch bei Leuten, die noch nicht so krank sind; was die sich so zurecht gelegt haben und von dem man wohl gar nicht sagen sollte, das ist richtig oder falsch.

Meine Alltagsmythologie ist, daß es Möglichkeiten gibt, diese Krankheit zu beeinflussen. Die liegen vor allem bei den Patienten selber, und zum Teil sind sie im medizinischen Bereich gegeben. Und daß wir helfen können, die Situation zu verbessern. Wenn ich diese Mythologie nicht hätte, dann könnte ich nicht arbeiten.

Es gibt überhaupt beim Patienten nie die Situation, daß man dem nicht helfen kann. Man kann einem Patienten auch in einer Situation helfen, wo er in zwei Minuten stirbt. Indem man da ist, indem man mit den Angehörigen spricht, indem man es ermöglicht, keine Schmerzen zu haben oder nicht das Gefühl zu haben zu ersticken.

Ist AIDS wichtig?
Für mich ist AIDS natürlich wichtig, weil ich mich in den letzten vier Jahren bis weit in meine Freizeit hinein mit dem Problem beschäftigt habe. Es ist natürlich für die Betroffenen wichtig, es ist für Ärzte und Krankenschwestern wichtig, die damit zu tun haben.

Es gibt eine ganze Reihe von Menschen, die mit dem Problem überhaupt nichts anfangen können. Das hab ich jetzt wieder im Urlaub gesehen, da waren Leute, die hatten, glaub ich, zum Teil noch gar nie davon gehört.

Es ist gut, auch das mal wieder zu sehen.

Auf dem Rückweg durchs Haus verfehle ich eine Abzweigung, danach ist alles aus. Einmal glaube ich mich richtig, rüttle an einer Tür, die durchsichtig ist, aber hinter ihr ist es dunkel. Ich rüttle, weiß den Weg nicht, denke: Wenn man eine Art von Orientierungssinn hätte. Ich drehe mich um und sehe, daß ich hier doch richtig bin. Jetzt, weiß ich plötzlich, fehlt mir nur noch der erste Satz.

dann kehre ich traurig

+ bin bedrückt

REDE AUF DEM KONGRESS DER SCHRIFTSTELLER DER DDR

1. bis 3. März 1990

Meine Damen und Herren,

der Eine weiß das Eine und der Andere das Andere. Ich bin Ronald M. Schernikau, ich komme aus Westberlin, ich bin seit 1. September 1989 DDR-Bürger, ich habe drei Bücher veröffentlicht und ich bin Kommunist.

Die Dummheit der Kommunisten halte ich für kein Argument gegen den Kommunismus. Honeckers Versuch, ein guter König zu sein, so klein und mickrig er auch ausfiel, er war der Versuch zu Konsens. Das Faszinierende an dem Terror der Geistlosigkeit unter Honecker war für mich immer das deutliche Gefühl: Wenn die dürften, wie die wollten, wäre das die Versammlung der Klügsten. Nein, mehr: Es ist, durch den Terror hindurch, schon jetzt diese Versammlung.

Weshalb wollte die DDR nicht, daß man sie lobt? Das werde ich niemals verstehen. In den Westbüchern der Dissidenten las ich immer nur das ungeheure Lied auf die Zukunft. Ich verneige mich vor ihnen allen, und es gibt gegen ihre Erfahrung kein Aber.

Aber da war dieser Konsens. Ich vermute, Sie alle haben diesen Konsens unterschätzt. Er war es, von dem Sie lebten. Er hat Ihre Reden so kunstvoll gemacht, Ihre Kinderbücher so lustig, Ihren Blankvers so spannend. Die BRD hat in ihren vierzig Jahren keinen einzigen Blankvers hervorgebracht, keinen einzigen. – Verteidigt werden müssen nicht mehr Sätze, verteidigt werden muß die Fähigkeit zu Blankvers. Es gibt keinen Blankvers ohne Konsens. Warum haben alle mitgemacht? Weil Sozialismus war.

Wer sich von der Fantasielosigkeit seiner Lehrer beeindrucken läßt, ist selber schuld. Wenn die Dummheit der Kommunisten die Leute zu Antikommunisten gemacht hat: dann war sie deren furchtbarster Fehler.

Die Theaterstücke der letzten Phase der DDR beruhten immer darauf, daß der Feind, von dem alle sprachen, ausblieb. Die Kinder kannten den Feind nur als Entschuldigung für das Versagen des Königs. Schließlich glaubten sie nicht mehr an ihn, und die Schauspieler innen mußten am Schluß auf dem Tisch tanzen. Das war die Antwort: Wenn es keinen guten König gibt, dann wollen wir eben einen schlechten. Weil an allem immer nur der Feind schuld gewesen sein sollte, vergaßen sie, daß er an ihrer Grenze stand, und holten ihn schließlich ins Land. Die Erkenntnis, daß es den Feind wirklich gibt, wird ohne die Zerstörung des Landes nicht mehr zu haben sein.

Der Westen hat, und das ist ein so alter Trick, die Moral eingeführt, um über Politik nicht reden zu müssen.

Moral, weil sie unter allen möglichen Standpunkten ausgerechnet den herzzerreißenden wählt, macht sich selber handlungsunfähig; deshalb ist sie so beliebt. Einen Vorgang moralisieren heißt, ihm seinen Inhalt nehmen. Das ist mit Erich Honecker geschehen. Mühsam verkneifen sich die Westzeitungen ein Grinsen, wenn sie die piffigen Sofas von Wandlitz präsentieren.

Der Sieg hatte stattgefunden, als die DDR-Zeitungen das Ende der Privilegienherrschaft forderten. Was konnte schon an ihre Stelle treten? Brav forderten die Mitarbeiter der Verlage die Demokratie im Betrieb plus Beteiligung von Westkonzernen. War die Staatsbürgerkunde wirklich so schlecht?

Der Sieg des Feindes versetzt mich nicht in Traurigkeit, eine Niederlage ist eine Niederlage, das sind Angelegenheiten bloß eines Jahrhunderts. Was mich verblüfft, ist die vollkommene Wehrlosigkeit, mit der dem Westen Einlaß gewährt wird, das einverständige, ganz selbstverständliche Zurückweichen, die Selbstvernichtung der Kommunisten. Ich habe jeglichen Glauben verloren!, das heißt: Ich bin bereit, mich dem Westen vollkommen zu überlassen. Kaum ist Honecker gestürzt, da lösen die Universitäten den Marxismus auf, da wirbt die DEWAG für David Bowie (immerhin), da druckt die FF dabei Horoskope und die Schriftsteller gründen Beratungsstellen für ihre Leser oder gleich eine SPD. Wo haben sie ihre Geschichtsbücher gelassen? Die Kommunisten verschenken ihre Verlage, die ungarische Regierung richtet in ihrem Land einen Radiosender der CIA ein, und der

Schriftstellerverband der DDR protestiert gegen die Subventionen, die er vom Staat erhält. Sie sind allesamt verrückt geworden.

Die DDR hat den Beweis erbracht, daß Zeitungsredakteure, wenn man sie nur läßt, nicht klügere Zeitungen machen sondern dümmere. Früher stand in den Zeitungen gar nichts, heute steht das Falsche drin; die Welt handelt absurd, wenn sie uns vor solch furchtbare Wahl stellt, aber wenn ich es muß, wähle ich den ersten Zustand.

Die DDR hat sich wehrlos gemacht, systematisch, mit offenen Augen. Endlich können wir auch die Erfahrungen der Linken im Westen verwerten!, das heißt: Wir werden sie bitter nötig haben. Wer die Gewerkschaft fordert, wird den Unternehmerverband kriegen. Wer den Videorekorder will, wird die Videofilme kriegen. Wer die Buntheit des Westens will, wird die Verzweiflung des Westens kriegen. Wer Bananen essen will, muß Neger verhungern lassen. Wer die Spaltung Europas überwinden will, muß den Westen siegen lassen.

Meine Damen und Herren, Sie wissen noch nichts von dem Maß an Unterwerfung, die der Westen jedem einzelnen seiner Bewohner abverlangt. Was Sie vorerst begriffen haben: Der Westen ist stark. Sie haben, statt das gute Geschäft Ihrer schlechten Regierung zu fördern, die Feinde der Regierung ins Land geholt. Sie haben sich einen Kulturminister geben lassen, der schon ein paar grünen Jungs vom Spiegel gegenüber vollkommen hilflos ist, eine widerliche Niederlage.

Die Strategie des Zurückrollens ist aufgegangen. Der Westen hat gesiegt. Er hat gesiegt, weil seine Herrschaftsformen sozialdemokratisch geworden sind. Die spätkapitalistische Ökonomie braucht für ihre Existenz keine Rechtfertigung mehr. Ihre Mechanismen setzen sich durch, ob wir wollen oder nicht. Wie anachronistisch wirkt ein Zentralkomitee gegen die Weltbank, wie einzig sinnvoll aber auch. Schalck-Golodkowski war der letzte Internationalist, sein Ende ist das Ende der Parteibüros im Westen, das Ende der kommunistischen Verlage dort, das Ende des Ortes, an dem ich früher mich befand. Dies ist ein Schmerz, vor dem kalt zu bleiben Sie ein gewisses Recht besitzen; ich will Sie nur auf ihn aufmerksam machen. Es hat westberliner Kreisvorsitzende gegeben, die sich weigerten, ihre Büros zu räumen, die kurz vorm Barrikadenbau standen.

Die Dummheit der Führung nach Honecker hat uns eine Zeit beschert, in der wieder negiert werden darf. In den westberliner Buchhandlungen treffen einander die Verräter.

Ach du hier.

Ach du hier.

Für immer?

Ja. Du auch? Für immer?

Ja.

Dann lassen sie verlegen voneinander ab, blättern kurz in einem Buch und verschwinden schnell. Wir werden uns wieder mit den ganz unintressanten Fragen auseinanderzusetzen haben, etwa: Wie kommt die Scheiße in die Köpfe? Die Künstler werden alleine sein, langsam begreifen sie es.

Das Einzige, das mich intressiert bei der Arbeit, ist: Etwas loben können. Ich hasse Negation.

Am 9. November 1989 hat in Deutschland die Konterrevolution gesiegt. Ich glaube nicht, daß man ohne diese Erkenntnis in der Zukunft wird Bücher schreiben können.

Vielen Dank.

CORNELIA A., 35 JAHRE, INKASSO-KAUFFRAU

Was bist du von Beruf?
Kauffrau. Ich könnte noch die Branche sagen, ich mache Inkasso. Wenn man einen Fragebogen ausfüllen muß, schreibt man Kauffrau. Es ist wirklich ein Problem: Wie bezeichnet man den Job? Geld-Eintreiberin. Ich denke, das hat mit der Materie zu tun, also diese unangenehme Problematik Schulden. Vielleicht fehlt deshalb die exakte Begrifflichkeit.

Wenn man Politologie studiert hat, geht man normalerweise in die Politik, oder in den Medienbereich, also Pressearbeit bei den Gewerkschaften oder in Verbänden, in Intressensgruppen, so. Das ist auch eine Schwierigkeit bei dem Studium, es qualifiziert für alles oder nichts. Ähnlich wie die Philosophie. Und ich hab mich spezialisiert, weil mir Politische Ökonomie wahnsinnig viel Spaß gemacht hat, überhaupt ökonomische Zusammenhänge, und hab dann über Wirtschaftspolitik gearbeitet.

In der Schule ist Sozialkunde mein Ein und Alles gewesen. Geldumläufe, Geldkreislauf, Max Weber, Herrschaftstheorien. Bücher, Bücher, also was kann ich noch mehr wissen, was kann ich noch mehr lernen. Ein diffuses Gefühl von Ungerechtigkeit, und: Du mußt irgendeine Erklärung für Dinge haben. Kleines Beispiel: Mit zwölf dreizehn habe ich angefangen, »Spiegel« zu lesen. Das war damals quasi revolutionär, also ne linke Meinung zu entwickeln – heute würd ich das beim »Spiegel« in Anführungszeichen setzen, aber na gut. Das hat mich intressiert. Und was mich natürlich auch fasziniert hat, weil ich son sehr stark lernorientierter Mensch bin: Das mußte ich mir erschließen. Das war nicht, daß man mal son kleines Reclam-Heftchen liest, sondern ich mußte immer weiter gehen, bis ich das kapiert hab mit dem Mehrwert und diesen ganzen Geschichten. Das war für mich, als wenn sich das Gehirn öffnet.

Mein erstes Seminar, was ich besucht hatte, der Dozent war Redakteur bei der »Wahrheit« gewesen, also bei der kommunistischen Tageszeitung, und hat daraus auch überhaupt keinen Hehl gemacht. Das war mein erstes Seminar, es war abends recht spät angeboten, weil der ja auch arbeitete tagsüber, und es war Sommer und trotzdem viele Leute da, ganz erstaunlich. Und das war wirklich kollektives Arbeiten. Ich hatte vorher niemanden kennengelernt, und da ging man hinterher noch weg und es wurde eben zusammen gearbeitet. Ich war ja immer in der Gewerkschaft, das ist klar, weil ich auch immer gearbeitet hab neben meinem Studium, und ich war dann in der, jetzt hab ich die Abkürzung vergessen, in der Hochschulgruppe der SEW.

ADSen.

Ja genau, bei den ADSen war ich. Ich bin sehr lange nicht zu den ADSen reingegangen, weil ich nicht leiden konnte, die haben mich immer versucht zu überreden. Also Mitglieder gewinnen, und das konnte ich überhaupt nicht ausstehen. Es ist dann aber irgendne hochschulpolitische Situation gewesen, worüber ich mich empört hab, und da hab ich dann gedacht, okay, da mußt du jetzt was machen. Und dann bin ich eingetreten.

Es war eine Anzeige im Stadtmagazin gewesen, Wohngemeinschaft sucht gestandene Frau oder so, das waren zwei Männer. Einer war Kulturredakteur auch bei der »Wahrheit«, der andere schrieb an seiner Doktorarbeit und war Taxifahrer, ganz bewußt, also politisch motivierte Arbeitslosigkeit. SEW-Mitglied, und aus meiner Sicht n Hart-Doggi. Der war wirklich ein Hart-Doggi, also ich hab selten sone blutrünstige Arbeit gelesen. Der erklärte mir auch beim sogenannten Einstellungsgespräch sofort seine politische Meinung. Aber das war ja was, was mir angenehm war. Aber wir haben sehr selten diskutiert. Es war eigentlich nicht viel Politik zwischen uns. Wir waren auch drei Einzelgänger.

Direkt nach dem Studium bekam ich einen Zeitvertrag beim Wissenschaftszentrum Berlin, die suchten jemanden für Interviews mit mittelständischen Firmen, das war ein Forschungsprojekt. Problematik: Wie wächst der Mittelstand? Die haben ne empirische Untersuchung gemacht und brauchten jemand, der die sogenannte Feldarbeit macht. Und das hat mir unheimlich viel Spaß gemacht. Mit Firmen Kontakt aufzunehmen, in Firmen reinzugehn, und sehr intensiv die Probleme zu sehen, Wachstumsprobleme, Wachstumshindernisse und Problemlösungen, wie lösen Firmen das? Welche Hilfestellungen nehmen sie in Anspruch? Und dann mit den Stellen zu sprechen, die offiziell als Hilfestellen in Frage kommen, wie Arbeitsämter, Industrie- und Handelskammern, Banken – und die tatsächlichen, wir haben das genannt die tatsächlichen Mittler. Die vielleicht gar nicht in offiziellen Netzwerken drin sind, wie Steuerberater oder Wirtschaftsförderung oder oder oder.

Der Abschluß eines Studiums ist ja im Grunde lonesome cowboy. Du sitzt da, machst deine Diplomarbeit, bist theoriegeladen, liest Bücher, und irgendwann gibt es dann einen Sättigungseffekt. Also ich war dann froh in dem Projekt, es war für mich wie Rauskommen. Rauskommen und überprüfen, oder wieder Infragestellen. Ich hatte die Diplomarbeit über Wettbewerbspolitik geschrieben, und auf einem ziemlichen hohen abstrakten Niveau, also die Arbeit von oben aufgehängt, von den Normen her. Und das hier war das genaue Gegenteil. Eben sehr praxisorientiert, immer im Kontakt mit Unternehmen.

Was für mich auch eine persönliche Herausforderung war, es ist so eine absolut männerdominierte Geschichte. auch die ganzen Unternehmen bestehen nur aus Männern. Und daß ich trotzdem als Frau überhaupt keine Akzeptanzprobleme hatte. Die beiden Männer, mit denen ich dort zusammengearbeitet habe, die haben erst so ganz bewußt gesagt: Spiel den Sekretärinnen-Job. Geh mit uns mit, und die werden nie so richtig schnallen, daß du auch Wissenschaftlerin bist. Sie werden dich für ein doofes

Möwchen halten. Das war aber ne Fehleinschätzung. Es hat einen anderen Effekt gegeben: Männer haben sich bei mir nicht so geschämt. Die Jungs wollten dann hinterher, daß ich die Befragungen alleine mache, weil ich, um es im Klartext zu sagen, mehr rausbekommen hab, tiefer gehen konnte. Weil, die Unternehmer brauchten sich bei mir nicht mit nem Mann messen, sie mußten ihre Probleme nicht verschweigen. Das war ja nun grade die diffizile Materie, nen Unternehmer dazu zu bringen, seine Probleme selbst zu definieren, sie sich auch zuzugeben, um dann zu sagen, okay, wo gibt es Hilfsstrukturen. – Also für mich war es ein persönlicher Erfolg.

Hat sich durch diese Arbeit dein Bild von wirtschaftlichen Prozessen geändert?
Ja. Weil, ich hatte natürlich gedacht, es läuft nach ner bestimmten Rationalität ab. Ich hatte gedacht, es gibt Entscheidungsstrukturen, es gibt Hierarchisierungsgrade – also alles, was ich gelernt hatte, und das lief nicht so. Gerade bei mittelständischen Betrieben ging das bis dahin, daß Kassenbücher nicht geführt wurden, aber nicht um Schwarzgeld zu machen, sondern einfach, weil das alles so sinnlos war, oder weil man lieber draußen Fenster montieren wollte. Da sitzt da son armes Hänschen und schreibt nichtmal anständige Rechnungen, bezahlt seine Leute viel zu gut – nach Kriterien, verstehst du? Und hat vielleicht noch Angst vor seinen Arbeitnehmern – ein ganz interessantes Phänomen. Da ist sehr vieles aufgebrochen bei mir.

Dieses Projekt war zum größten Teil finanziert vom westberliner Senat, und es war mir klar, es müssen bestimmte Dinge auch dabei rauskommen. Es gab natürlich eine Arbeitshypothese, und diese Arbeitshypothese lautete, daß viele kleine und mittlere Betriebe mit ihrer Problematik selbst überfordert sind, und daß die Hilfsstrukturen umso effektiver sind, je näher sie an der Firma dran sind, also ein cleverer Banker vor Ort, oder ein rühriger Kommunalpolitiker, der sich wirklich für Standorte einsetzt. Im Grunde sollte das Projekt dazu dienen, regionale Förderungsstrukturen aufzubauen. Aber wenn man dann einen Betrieb gefunden hatte, der nicht in diese Arbeitshypothese paßte, dann wurde das nicht so zugelassen. In der Verarbeitung später, da sind mir natürlich viele Dinge zu kurz gekommen. Da haben sie mich aber auch nicht mehr so rangelassen.

Eines, das hab ich wirklich verloren, die Glorifizierung von Wissenschaft. Als ich mit dem Studium fertig gewesen war, da war für mich ein Traum, in der Forschung zu arbeiten. Ich hab gedacht, am Ende steht das Ergebnis, nicht am Anfang. Du kannst arbeiten und findest immer mehr raus, und irgendwann zum Schluß wird es ein Fächer. Daß es dich immer weiter öffnet. Und im Grunde genommen war es am Anfang ganz breit, und es wurde dann immer enger, bis eben diese Arbeitshypothese als Ergebnis rauskam. Wir wissen ja, Wissenschaft ist ein Instrument der herrschenden Klasse, aber ich hatte immer so ein bißchen diese Elfenbeinturm-Ideen. Und was an unserem Institut stattgefunden hat, das war ganz brutaler

Machtkampf. Es gab ne Jung-Garde von Wissenschaftlern und es gab ne Alt-Garde und zwischen denen spielten sich die Kämpfe ab. Wenn ich Kapitalismus wirklich kennengelernt hab am eigenen Leib, dann in diesen zwei Jahren dort. Und es war ganz klar Auftragsforschung, was wir da gemacht haben. In dieser Brutalität hatte ich das vorher nicht realisiert.

Mußtest du dein Urteil über die Prozesse, die du aus der Theorie kanntest, revidieren?
Nein. Die Dinge, die mich geprägt haben, also intensives Studium, Politische Ökonomie, Marx Engels und so, dieses theoretische Fundament hab ich nach wie vor für die Arbeit gebraucht. Das, was ich als Norm im Hinterkopf hatte, also der Kapitalist und die Profitmaximierung, und das ist sein Motiv und das treibt ihn – das treibt ihn in der Gesamtheit, und das treibt ihn vom System. Nur, in diesem individuellen Prozeß treibt einen auch immer noch irgendetwas anderes. Ich hab meine Theorien nicht übern Haufen werfen müssen. Es hat mich erweitert. Wenn ich gesagt habe, ich hab Unternehmer kennengelernt, die Angst vor ihren Arbeitnehmern haben, dann bedeutet das ja nicht, daß das Dominanzproblem damit aufgelöst ist, das ist Quatsch. Typisch war der Unternehmer, der ganz brutal gesagt hat: Hier, das sind die Türken und die Spanier, und die kauf ich jetzt en masse ein. Bis zum Menschenkauf, also auch noch viel drastischere Beispiele, als wenn man sie einfach nur in der Theorie liest. Das Ausbeutungsverhältnis war damit

nicht aufgehoben. Es waren einfach Windungen. Es waren faule Unternehmer dabei, und Unternehmer, die Geld verloren haben. Aber an dem Klassengegensatz hat das nichts geändert.

Zuhause hab ich eigentlich nicht viel über Politik geredet, also keine Diskussionen mit meinen Eltern geführt. Der Schock kam erst später, nach dem Studium, in diesem Wissenschaftszentrum, daß ich festgestellt hab, alles was du gelernt hast oder was du gerne diskutieren würdest, das wird abgelehnt. Also die verstanden sich grad mal als SPD oder was. Mit den Männern im Projekt konntest du nicht über Mehrwert reden, das haben die auch abgelehnt. Du mit deinen linken Ideen.

Ich bekam dann dort eine Doktorandenstelle, auf zwei Jahre begrenzt. Du mußtest also im Affentempo deinen Doktor machen, aber die zwei Jahre bin ich absolut in Ruhe gelassen worden. Das hatte einen positiven Effekt, also es hat mich wirklich keiner reglementiert. Und es hatte den negativen Effekt, daß ich vollkommen isoliert war. Ich hatte zwar ein halbes Büro, und es wurde auch erwartet, daß ich anwesend war und da irgendwas schrieb, aber es gab überhaupt keinen inhaltlichen Austausch.

Hast du bei deiner Doktorarbeit irgendetwas rausgekriegt, was dich im nachhinein verblüfft hat?
Nein. Es war auch mehr oder weniger Deskription des Materials, was ich da produziert hab. Ich bin hinterher nicht stolz gewesen auf meine Arbeit, es war nichts Neues. Ich hatte es geschafft, damit hatte es sich.

Ich wollte dann an dem Institut nicht mehr bleiben. Ich wollte andere Dinge ausprobieren und hab mich dann wien Weltmeister auf Stellen beworben. Siebzig Bewerbungen innerhalb von zwei drei Monaten geschrieben, und bei jeder Bewerbung gedacht: Ach, das wär doch was für dich. Ich hab auch immer gedacht, ich würd genommen. Ich dachte, am nächsten Tag ist ein Brief da. Und dann das monatelange Warten. Da war ich fünfundzwanzig und hatte keine Stelle.

Ich wär ja normalerweise son mittlerer Führungskader. Und ich hab dann kapiert, daß ich irgendwo ne Fehlbesetzung war. Das ist mir bei Vorstellungsgesprächen auch vermittelt worden. Mit fünfundzwanzig nen Doktor zu haben, ne Frau zu sein und dann noch Politologin, also keine Ökonomin oder Juristin. Also es war ne Dreifach-Behinderung. Und Arbeitslosigkeit, das ist ja für jeden schrecklich. Gefühl von Selbstwertverlust und was weiß ich.

Ich hatte auch keine Ahnung, ich hatte mich einfach auf alles beworben, was mich interessierte, und nicht vom Status her gedacht. Das heißt, ich hab mich oft auf falsche Stellen beworben, entweder zu niedrig oder zu hoch. Das hab ich auch erst langsam mitbekommen.

Meine Mutter hat dann mal irgendwann ganz enerviert zu mir gesagt: Du hast viel im Kopf, oder du kannst nachdenken, was meinst du eigentlich, daß du immer noch denkst, du könntest überall mit Turnschuhen rumlaufen? Also dieser optische Anpassungsprozeß. Es ist, als ob ich da ne richtige Aversion gegen gehabt hätte. Ich weiß noch, meine Schwester und meine Mutter haben mich dann in die Stadt geschleppt und gesagt: Einen Rock müssen wir dir jetzt kaufen, ein Kostüm müssen wir dir jetzt kaufen. Ich bin da richtig mit einem Ekel mit, mit einer Anti-Haltung. Hab auch immer noch versucht, so meine kleinen Akzente durchzusetzen. Was ich heute natürlich für Quatsch halte. Ich hab mich bis zum Geht-nicht-mehr darüber aufgeregt, wenn ich n Rock anziehen mußte. Heute machen mir solche Dinge Spaß. Heute sehe ich es als Spiel. Heute mach ich den Protest übern Kopf.

Bei dem Teil meiner Arbeit, der mir am meisten Spaß macht, nämlich dem Gespräch mit den Schuldnern, da spielt die Kleidung am wenigsten eine Rolle. Wo es ne große Rolle spielt, ist bei unseren Auftraggebern: weil ich immer diese Auftragsgespräche führen muß. Da geht es wirklich bis zum ff, ob mit Handschuhen oder was weiß ich. Wo du auch vollkommen falsch liegen kannst. Ich war vor kurzem bei einer Uhrenfirma in Hamburg, und da dachte ich also: Hallo, das ist ein Irrsinnstermin, und plötzlich saßen die mir alle ganz locker gegenüber, also da war ich overdressed. Auf der andern Seite bin ich bei irgendeinem großen Reise-Unternehmen gewesen, und da war ich absolut underdressed. Na gut. Man kann es heute auch, davon bin ich überzeugt, durch fachliche Kompetenz ausgleichen. Ich denke, es macht einen Einfluß. Aber daran entscheidet sich nichts.

Also, in dieser Form der Wissenschaft wollte ich nicht mehr arbeiten, da war Ende der Banane. Ich wäre sehr gern in die Lehre gegangen, aber da hab ich keine Stelle bekommen. Und die erste Stelle, die mich genommen hat, die hab ich dann auch genommen. Als Unternehmensberaterin.

Das war auch mit Vorwahlseminar, da war natürlich wieder dieser Punkt Herausforderung. Als ich in diesem Seminar auftauchte, waren da zwanzig Männer und ich war die einzige Frau, und es war auch nicht die Politik dieses Unternehmens, Frauen einzustellen. Es war vollkommen klar, daß ich geknallt werden sollte in dem Seminar. Das war richtig schöne Seminarpolitik. Und rein auf amerikanische Psychologie, Verkaufspsychologie, Fragetechnik, Einwandsbehandlung und diese ganzen Scherze. Und mich hat das total gereizt, Simulation, und dann macht der eine den anderen fertig, so diese Geschichte. Und das, was die da als Ideologie dahinter haben, das sind zum Teil Dinge, die ich von Natur aus mache. Ich frag aber aus Interesse, ich frage nicht wegen des Fragens. Ich hatte nie Öffnungsprobleme mit Menschen. Und die haben das sofort gemerkt: Die hat das, die macht das intuitiv. Und ich hab ja natürlich auch was in der Birne, also hab die mehr oder weniger beeindruckt, und hab die Stelle bekommen. Derjenige, der hinterher mein Vorgesetzter war, der hatte gesagt: Machen wir mal einen Versuch. Da war dann auch der Doktor wichtig. Aber der Doktor einfach als Titel.

Ich hab dann in der Beratung gearbeitet, und die Beratung bestand darin, die Unternehmen über den Tisch zu ziehen. Ein hohes Beraterhonorar zu kassieren. Ich hab dann da schnell n Moralischen gekriegt, berechtigt, denke ich. Wenn du merkst, du wirst dazu mißbraucht, wirklich Leute zu betrügen. Und das wollte ich nicht mehr, und die wollten mich aber behalten.

Sie hatten eine Abteilung, Kundendienst nannte die sich. Schöne Umschreibung. Dadurch, daß die eben immer die Unternehmen über den Tisch gezogen haben und irrsinnig hohe Beraterhonorare kassiert, brauchten die natürlich auch irgendjemanden, der den Schrott wegräumte, wenn die dann nicht bezahlt haben, weil sie einfach mit der Leistung nicht zufrieden waren. Also auch berechtigte Sachen eben. Und diese ganze Firma bestand nur aus Wettbewerben, also daß die Mitarbeiter sich untereinander fertigmachen. Und da wurde dann ein Wettbewerb gestartet, zur Unterstützung des Kundendienstes Unternehmen aufzusuchen und die Zahlungen, die ausstehen, einzutreiben. Und da ist was ganz Merkwürdiges passiert, da haben sie auch wieder gezögert, ob ich da überhaupt dran teilnehmen sollte, wirklich gezögert, also amerikanisches Denken: Da nehmen wir erstmal die dicksten und stärksten Jungs. Da bin ich irgendwie nur durch Zufall reingekommen, weil sie wirklich im Augenblick wohl nicht wußten, was sie mit mir anfangen sollen. Das wurde hinterher prämiert, wer da wieviel Gelder reingeholt hat, und die sind alle dann hinterher auch wieder geplatzt, die Schecks, solche Scherze. Und da habe ich nicht als Beste abgeschnitten, aber ich hatte wohl so etwas Kontinuierliches. Also es gab da nur Extrem-buddies, entweder Männer, die gar nichts geholt haben, oder Männer, die furchtbar viel geholt haben, wo aber am nächsten Morgen die Polizei vor der Tür stand. Diese Ausfälle. Und der Leiter dieser Kundendienstabteilung, der hat sich dann für mich entschieden. Der hat gesehen, sie hat nicht geknallt, sie hat was Vernünftiges gemacht.

Das war also ihre eigene Inkasso-Abteilung, die sie auch dringend notwendig hatten, bei über drei Millionen Außenständen. Und dann immer hohe, strittige Forderungen. Diese Firma ist dann auch später Konkurs gegangen, bis hin zu Strafanzeigen. Das war schon ein Hammer.

Dann hab ich also bei ihm angefangen, und, das war toll, wir hatten in dieser Abteilung den absoluten Freiraum. Da galten überhaupt keine Kriterien mehr, die sonst so üblich waren, weil, das war für die ihr Müll, ihr Schutt. Daraus besteht eben Inkasso. Die waren dankbar, daß wir uns überhaupt um die Außenstände kümmerten. Ich war im Grunde den Druck los, wir konnten tun und schalten was wir wollten, wir konnten Vergleiche machen, wir konnten sagen, okay, das geht überhaupt nicht, da darf man überhaupt gar kein Honorar berechnen. Es war wie eine Art Wiedergutmachung. Für mich selbst auch. Und auf der andern Seite ne ganz knallharte psychologische Schiene. Der Leiter dieser Abteilung – der jetzt auch mein Geschäftspartner ist –, der hat mich also getriezt bis zum Gehtnichtmehr. Mir die schlimmsten Fälle gegeben, wo die Leute nur geschrien und getobt haben. Das ganze Psychodrama des Inkassos. Ich wurde erfolgsabhängig bezahlt, und der Leiter meinte immer, er könnte mich über Geld beeinflussen. Da bin ich aber nicht empfindlich. Deshalb kann ich vielleicht auch so gut Inkasso machen, weil, Geld ist nicht mein empfindlicher Punkt. Wenn jemand zu mir sagt, ich kürz dir dein Gehalt um tausend Mark, dann würd ich sagen: Wenn dus meinst, dann mußt dus tun. Also damit kann man mich nicht kriegen. Und er sagte immer: Ich geb Ihnen ne Sonderprämie, wenn Sie da und da noch was holen – das war vollkommen erfolglos bei mir. Die Schiene nicht. Aber diese Herausforderung, mit den Menschen klarzukommen. In diesen ausweglosen, beschissenen, unmöglichen Situationen trotzdem irgendetwas zu finden, was vernünftig ist. Du hast genau gesehen, wie schlimm das für ein Unternehmen ist, wie es Schulden erst wegdrückt und beiseite schiebt – und dafür dann rationale Lösungen finden, das hat mich fasziniert. Da hatte ich mein Thema gefunden. Ein tabuisiertes Thema unserer Gesellschaft, das von der einen Seite verdrängt wird, also Unternehmen verdrängen ihre Außenstände, weil, das könnte ja darauf hindeuten, daß irgendwas bei ihnen nicht stimmt. Auf der andern Seite, der Schuldner verdrängt seine Schulden, weil er meint, sonst nicht mehr leben zu können. Und diese beiden Verdrängungsmechanismen aufzubrechen und sie rational zugänglich zu machen. Das ist für mich nach wie vor die spannendste Geschichte.

Man merkte dann, daß die Firma den Bach runtergehen würde. Und sie versuchte merkwürdigerweise, durch immer höhere Zahlungen die Leute zu halten. Ich hab dann wirklich die Schnauze voll gehabt. Ich hatte mich schon ne Weile drum gekümmert, wie sind die offiziellen Voraussetzungen für ein Inkasso-Büro, und hab dann irgendwann zu meinem jetzigen Partner gesagt, daß ich aufhören möchte und daß ich die Idee hätte, mich selbständig zu machen. Und dann wollte er auch mitmachen.

Mußtest du deine Meinung ändern, über die Welt?
Nein. Im Gegenteil. Weil vieles in dem Beruf so drastisch ist, so offensichtlich. In Schwarz und Weiß. Es gibt eben die Schuldner, und es gibt die Gläubiger. Es gibt die Leute, die Kohle haben, und es gibt die Leute, die keine Kohle haben.

Wir haben Außendienstmitarbeiter, die ganz menschenverachtend im Kopf sind. Die werden auch nie gut in Inkasso sein. Weil sie denken, die Leute hätten das alles selbst verschuldet. Oder da müsse man draufschlagen.

Ich hab oft die härtesten Kämpfe mit meinen Auftraggebern durchzufechten. Wenn ich mit meinem Ergebnis rauskomme, sagen die: Warum und wieso, der soll bis zu seinem Lebensende blechen! Und dann geht der Kampf mit dem Auftraggeber los, ihm klarzumachen, daß es sinnvoller ist, auch bei sich Abstriche zu machen.

Es ist auch nicht im Interesse des Systems, daß der Gläubiger den Schuldner vernichtet. Es gibt so Gläubiger, die dem Schuldner am liebsten noch eine Strafanzeige auf den Hals schicken würden. Ich muß dann immer sagen, daß das vielleicht den Schuldner vernichtet, aber Geld bekommt der Gläubiger dadurch auch nicht.

Diese Versandhaus-Branche, die lädt ja ein zum Verschulden. Ganz bewußt. Sie erzieht ihre Kunden zu Schuldnern. Ich bin überhaupt der Meinung, jeder Auftraggeber erzieht seine Schuldner. Ich habe mal für ein Versandhaus gearbeitet und habe da ganze Landstriche kennengelernt, also gerade Dörfer. Du kommst in einen Haushalt, ja, Katalog bestellt, Ware bestellt, und sie können es nicht bezahlen. Das große wunderbare Angebot, und es gibt ein Rückgaberecht, und es gibt Ratenzahlung. Und ich führe ein Gespräch und sehe Schuldner, wo ich sage: Sie dürfen so etwas nie wieder tun. Wenn Sie sich einen einzigen Gefallen in Ihrem Leben tun wollen, dann fassen Sie nie wieder einen Katalog an. – Weil sie einfach nicht damit umgehen können. Weil sie dieser Einladung immer wieder erliegen.

Es gibt Schuldner, die verhalten sich rational, und es gibt Schuldner, die verhalten sich irrational. Man kann nur immer kucken, hat jemand gut gelernt, oder hat er die Lektion nicht kapiert. Der schlimmste ist der, der sich nicht rührt. Weil, dem unterstellst du irgendetwas, der ist unwillig oder so. Für mich ist ein Schuldner, der reagiert, ein guter Schuldner, das kann auch ne negative Reaktion sein. Das Schlimmste ist, wenn du im Nebel stocherst.

Es gibt verschiedene Formen, wie Schuldner reagieren, übrigens auch sehr geschlechtsspezifisch. Die meisten Männer zuerst mit einer ganz großen Aggression: Also das gibts überhaupt nicht!, und hin und her – und Aggressionen sollen die erstmal voll rauslassen, also erstmal weg, daß das vom Tisch ist. Und dahinter steht, wie bei den Frauen auch, die sich oft nicht trauen, einem die Tür aufzumachen, steht die nackte Angst. Und das ist was Schreckliches, mit Angst leben zu müssen. Nicht zu wissen, wie komme ich da raus. Es gibt so viele Schuldner, die sagen, es hat gar keinen Sinn für mich, irgendwo anzufangen, bei hundertfünfzigtausend Schulden. Ich werde es nie schaffen. Also gehe ich lieber alle drei Jahre zum Amtsgericht. Oder: Alles hat meine Frau und ich werde immer unter der Pfändungs-Freigrenze liegen, und und und. Und es gibt die, die sagen, ganz klassisch: Ich habs gelernt, Schuldner zu sein, ich hab die Lücken und Nischen gelernt. Früher wärs für mich furchtbar gewesen, daß Sie hierher kommen, heute ist das nicht mehr furchtbar. – Aber das ist auch was, wozu die Gesellschaft Schuldner erzieht. Daß sie zum Beispiel in dem Bewußtsein leben, ich werd nie wieder hochkommen, ergo kann ich also unten bleiben. Es hat keinen Sinn. Es ist alles sinnlos, was ich tue. Und diese Haltung aufzubrechen, oder da wieder n bißchen Mut oder Leben reinzubekommen. Das versuche ich.

Leichter sind kleine Schuldner. Große Schuldner sind schwerer, weil die Problematik da einfach schwerer ist. Aber die komplizierteren Fälle machen mir mehr Spaß. Das muß nicht unbedingt etwas mit der Höhe der Forderung zu tun haben. Sondern das kann zum Beispiel das psychologische Profil beider Seiten sein. Es gibt Fälle, da freue ich mich auf die fünfzig Mark im Monat, die da kommen. Es ist absurd, aber es gibt so Fälle, in die man sein ganzes Herzblut reingesteckt hat, und da ist das dann ganz losgelöst von der Höhe, komisch. Es ist wirklich losgelöst.

Bei den Auftraggebern ist es so, Männer handeln mit mir nicht. Es ist immer wieder erstaunlich, wenn Mitarbeiter von mir irgendwo hingehn, dann wird erstmal über die Erfolgsprovision diskutiert und über die Kosten, und dann wird rumgehandelt. Dagegen, wenn ich ein Angebot mache, dann steht das. Das ist dieser typische Fraueneffekt, daß mit Frauen nicht gehandelt wird. Da würden sich ja Männer ne Blöße geben, die können doch nicht feilschen wie ein Teppichhändler. Wenn ne Frau sagt, und ne Frau Doktor auch noch, also fünfunddreißig Prozent, dann stimmt das so. Mir macht das heute Spaß, weil ich das Spiel durchschaue.

Mein Bruder hat mich mal gefragt. warum arbeitest du nicht in einer Schuldnerberatungsstelle. Und erstens arbeite ich nicht gerne in der Bürokratie, und zweitens, ich könnte ja auch dort nicht die Lösungen durchsetzen, die ich für vernünftig halte. Ich bin nicht der Meinung, daß ich dort irgendetwas ausrichten würde. Schon allein, daß es diese Institution Schuldnerberatungsstelle gibt, verdammtnochmal, ist Ausdruck für sich selbst genug. Auf dieser Ebene läßt sich das Problem überhaupt nicht lösen. Und dort würde ich für die qualifizierte Arbeit, die ich leiste, auch nie entsprechend bezahlt. So steuere ich selbst mein Gehalt, das übrigens gar nicht so hoch ist, weil ich als Unternehmerin alles wieder in Investitionen stecke. Also ich bin eine Kapitalistin. Und ich lebe von den Auftraggebern. Natürlich auch von den Schuldnern.

Ist das System falsch?
Ja.

Gibt es Ausbeutung?
Ja.

Marx hatte also recht?
Ja.

Und Ausbeutung ist auch keine moralische Kategorie, sondern eine ökonomische.
Richtig. Davon bin ich auch heute noch überzeugt. Gläubiger und Schuldner wird es in dieser Gesellschaft immer geben. Für mich ist ganz deutlich, diese ganze Ost-West-Problematik ist eine Gläubiger-Schuldner-Problematik. Der Schuldner sitzt heute im Osten, der Gläubiger im Westen. Also das ist da.

Diese ganzen Deformationen, die ich analytisch beschreiben kann und die ich früher gesehen habe, denen unterliege ich heute auch. Wenn ich Freizeit habe, bin ich erschöpft. Ich kann auch schlecht mit Mitarbeitern umgehen. Ich bin immer entweder zu freundlich, oder ich bin zu wenig freundlich, ich fühle mich nicht wohl in dieser Rolle der Chefin im Büro. Ich kann schlecht Anweisungen geben. Solche Sachen. Am liebsten wär ich mein eigener Sachbearbeiter vor Ort.

Mit meiner Qualifikation könnte ich ne Menge Jobs machen. Ich kann analysieren, ich kann Entscheidungen treffen, ich kann mit Leuten zurechtkommen, ich kann Druck abbauen. Ich wäre auch woanders einsetzbar. Aber was mich so reizt an dem Thema, das ist das Tabu. Das Immer-wieder-auflösen-können im Kleinen. Es ist ne Sache, die existiert, und sie wird auch die nächsten Jahre existieren. Daran werde ich alleine nichts ändern können.

Diese Gesellschaft könnte gar nicht funktionieren, wenn es keine Gläubiger und keine Schuldner gäbe. Und ich sitze als Mittler in diesem System und denke mir eine bestimmte Rationalität aus. Den Grundkonflikt zementiere ich. Ich tariere die Grenzen aus. Ich mach es sozial verträglicher, vielleicht. Ich halte das System flexibel.

WAS MACHT EIN REVOLUTIONÄRER KÜNSTLER OHNE REVOLUTION?

Dieses ist eine Huldigung an Andy Warhol, den einzigartigen, undemokratischen, nicht wiederholbaren, den letzten Verfechter des traditionellen Kunstbegriffs.

I.

Die Sätze und Bilder von Andy Warhol versuchen, wie alle Kunst, die Frage zu beantworten: Wie kann man leben. – Wie kann man unter Toten leben? Können wir leben ohne Hoffnung? In einer Welt, in der Bejahung immer nur die Bejahung des Reaktionären zu sein scheint, wie kann es eine Freude geben, ein Vergnügen, eine Schönheit? Was macht ein revolutionärer Künstler ohne Revolution?

II.

Andy Warhol: Wenn ich heimkam, war ich sehr froh, wenn ich eine kleine Küchenschabe fand, mit der ich reden konnte. – Charles Lisanby: Er strahlte eine besondere Verletzlichkeit aus, wie Marilyn Monroe oder Judy

Garland. – Victor Bockris: Andy war in der Lage, sein Leben mit jedem zu teilen, mit dem der Zufall ihn zusammenführte. – Vito Giallo: Ich glaube, ihm gings prima, wo er auch war. Er war positiv, was das Leben betrifft.

Denn natürlich ist Andy Warhol das ideale Identifikationsangebot. Wir lesen Bücher über Künstler, weil wir wissen wollen, wie die anderen zurechtgekommen sind, und jedes Buch gibt seine eigene Antwort. Biografien gleichen Bildungsromanen und Bildungsromane gleichen Krimis: Es interessiert uns das Ende, das Gelungensein. Die Vollendung. Ondrej. Andek. Andrew. Andy: jeder braucht Vorbilder, um keinen Selbstmord zu machen, und der Starkult in Amerika ist eine primitive Nachricht davon.

Andy Warhol ist der Sohn eines tschechischen Stahlarbeiters, der nach Amerika ging. Er studiert Malerei und wird ein erfolgreicher Werbegrafiker. Er möchte Kunst machen. Aber niemand will die Kunst eines Gebrauchsgrafikers.

Suzi Frankfurt: Andy und ich liefen mit Plastiktüten voller Bücher rum und versuchten, sie zu verkaufen, doch kein Mensch wollte sie. – Das ist 1959, und die Rede ist von ganz wunderbaren selbstgefertigten Bänden, zart und witzig und bunt. Aber hätte ich sie damals gekauft? Natürlich nicht. Biografie ist die Behauptung von Zusammenhang. Man sieht Kunst, man sieht aber auch, sehr wichtig, Künstler.

Andy Warhol war schwul, und überhaupt leuchtet uns allen ja sofort ein, daß die Homosexualität es ist, die den

Fortbestand der Welt garantiert. Wo wäre das zwanzigste Jahrhundert ohne Faßbinder, Mapplethorpe, Paradshanow, Hockney, Eisenstein: noch im neunzehnten. – Auch Jasper Johns und Robert Rauschenberg waren schwul, sie lebten zusammen und machten auch Kunst. Aber Warhol fühlte sich von ihnen nicht akzeptiert, und einmal traf er einen Kunsthändler auf einer Party, der es wissen mußte. Warhol fragte ihn: Warum mögen die mich nicht? Die Antwort des Kunsthändlers steht in jedem der Bücher über Warhol, ich habe diese Antwort in fünf Übersetzungen lesen dürfen, und eine wie die andere waren die Übersetzungen falsch. Die Antwort lautet auf englisch: You're too smart. Übersetzt wird das mit: Du bist zu schick, du bist zu schickimicki, du bist zu tuntenhaft (dieses Wort gibt es überhaupt nicht), du bist zu tuntig – die richtige Übersetzung ist einfach: Du bist zu schwul. Warhols Kunst, auch wenn er Katzen malt, ist schwul. Und schwul wollten Johns und Rauschenberg nicht sein.

Victor Bockris: Als der Modefotograf Dick Rutledge zu Andy sagte: »Ich kann Amerika nicht mehr ertragen! Ich kann diese Scheißmodewelt nicht mehr ertragen! Ich bring mich um!«, erwiderte Andy. »Oh, kann ich dann deine Armbanduhr haben?« Es war eine sehr teure Uhr. Rutledge nahm sie ab und warf sie ihm hin. Andy behielt die Uhr bis an sein Lebensende.

Noch Jahre nach deren Tod antwortete Warhol auf die Frage nach dem Befinden seiner Mutter: Oh, fine. – Ondine: Every colour was gold. – Rainald Goetz: Ich wollte so gerne, daß seine Haare echt wären. Ich Dummkopf.

III.

Andy Warhol: Ich finde, es wäre toll, wenn mehr Leute Siebdrucke machen würden, weil dann niemand weiß, ob mein Bild von mir ist oder nicht. – Andy Warhol, der letzte Verfechter des traditionellen Kunstbegriffs. Die Bilder von Andy Warhol sind auf Abbildungen nicht zu erkennen. Der »Single Elvis« ist ein auf eine Leinwand gedrucktes Foto und sieht also auf einer Reproduktion aus wie ein Zeitungsfoto, allerdings eines aus einer schlecht gedruckten Zeitung. In einer Reproduktion geht das warholhaftige an dem Warhol sofort verloren. Das Bild ist auf einer Abbildung nicht zu erkennen. Es existiert überhaupt nur im Original, in dem Raum, in dem es sich befindet. Das zeugt von dem traditionellsten Kunstbegriff, der sich denken läßt.

Wer eine Suppendose malt, verzichtet auf den Massencharakter von Kunst. Wer die Verpackungskartons von Soap Pads aus Holz nachbaut und sie mit Siebdrucken veredelt, die ihren industriell gefertigten Vorbildern vollkommen gleichen, der erzeugt eine Exklusivität des Gegenstands, die sich mit jedem Kronjuwel messen kann. Der Fetischcharakter der Ware wird ersetzt durch den Fetischcharakter des Kunstgegenstands. Alle Einzigartigkeit ist undemokratisch. Warhol setzt die Einzigartigkeit der Kunst nicht außer Kraft: er treibt sie in neue Höhen. Er erzählt denen, die die Gegenstände kennen, von diesen Gegenständen. Nur der Gegenstand, den alle kennen, kann veredelt werden. Surrealistisch malen sie heute in den Gymnasien: Warhol aber geht nicht nachzuahmen.

Durch alle Texte in allen Büchern zieht sich die Frage: Bedeutet die Abbildung einer Suppendose die Bejahung dieser Suppendose? Die Frage verkennt das Genre. Die berühmten Suppendosen kommen einfach aus der Tradition des Stillebens: Ich male, was ich sehe. Vorarbeiten zeigen, daß Warhol durchaus nicht das Emblem zuerst gesehen hat, sondern den Gegenstand selbst. In der fortschreitenden Vereinfachung des Motivs kommt dann eine Frontalsicht zustande, mit ihr erst wird das Etikett zum Bildinhalt, die Ikonografie. Nur durch Betrachtung also kommt Warhol zur Satire.

In den schlechten Fernsehserien müssen bei Straßenszenen immer Statisten durchs Bild laufen, das ist dann Realismus. Auf den Stilleben bis Warhol hängt immer der eine oder andere Ast ins Bild oder eine Tasse ist leicht angeknickt. Wie zufällig! Warhol verweigert sich dieser Sorte Arrangement. Er nimmt die Suppendose und malt sie von vorn, ohne irgendwas. Wie viel mehr beeindruckend, wenn er danach der Dose das Etikett herunterreißt und sie dann malt, entblößt und entwürdigt, ein Objekt unseres Mitgefühls.

Robert Rauschenberg malt um die Zeichen des Alltags immer irgendwelche Striche, die wohl die ganz eigene Sicht des Künstlers symbolisieren sollen. Warhol entwickelt diese seine Sicht aus dem Gegenstand heraus, aus den Linien, die da schon sind. Das ist klüger und weitaus beeindruckender. Warhol vertraut auf seine Darstellung ganz. Warhol braucht keine Erläuterung. – Einen guten Theatertext erkennt man daran, daß er keine Regieanweisungen braucht.

Eine der lustigsten Beschreibungen ist die von Ultra Violet, wie Warhol seinen Leuten in der Factory den Film »Blow Job« vorführt. Starr vor Entsetzen und Faszination sitzen diese doch nun abgebrühten Typen und sind eine geschlagene halbe Stunde dem Gesicht eines Mannes ausgesetzt, der sich einen blasen läßt: Aber nur dem Gesicht! Ultra schreibt: »Es ist nervenaufreibend. Ich möchte aufstehen und die Kamera ergreifen und sie nach unten richten, um die Handlung aufzunehmen. Aber das ist ausgeschlossen, und so entsteht ein Gefühl der Enttäuschung.« Und: »Die Handlung geschieht so beiläufig wie Haareschneiden oder Zähneputzen.« – Dieser Satz nun knüpft – wohl eher unwissentlich – an die berühmte Diskussion zwischen Zetkin und Uljanow an, an Uljanows Ablehnung von Kollontais Glas-Wasser-Theorie, mit der sie den Absurditäten der individuellen Geschlechtsliebe begegnen wollte. Und diese Diskussion ist ja nicht abgeschlossen, bei Leibe nicht.

Für sein Porträt »Ethel Scull Thirty-Six Times« will Warhol es der Dargestellten überlassen, die sechsunddreißig Abbildungen zu hängen. Es spielt keine Rolle, sagt er und setzt sich in die Bibliothek, während sein Assistent, Ethels Mann und Ethel selbst das Ganze hängen. Als er reinkommt, wechselt er ein paar Porträts aus: Dies sollte hierhin und das dorthin – ein paar kleine Korrekturen. Wieder sagt er: Es spielt wirklich keine

Rolle. Es ist einfach wunderbar. Aber ihr könnt es auf jede beliebige Weise verändern, wenn ihr wollt. – Welch ein schöner Anspruch, wie bewußt in den eigenen Mitteln, wie freundlich aber auch gegenüber dem Betrachter. Ein Künstler weiß, was er tut, und kann, was er weiß, und er möchte, daß die anderen das auch wissen und können.

Natürlich darf man nicht auf Wiederholung reinfallen und glauben, sie sei etwas Maschinelles. Warhol hat das so gerne erzählt, und ich liebe ihn dafür (ich gebe zu, es gibt da ein moralisches Problem, man soll sein Publikum nicht verarschen). Bloß weil Warhol behauptet, jeder könne malen wie er, glauben sie es ihm, beleidigt zugleich über die Möglichkeit und daß sie sie nicht verwirklichen.

Kunst ist immer elitär, denn sie wurde von dem einen gemacht und nicht von den andern. Wenn es Demokratie in der Kunst gibt, dann als Wunsch, als entfernte Möglichkeit. Die »Do-It-Yourself«-Serie ist so ein Wunsch. Sie bietet Bilder, deren Vollendung dem Käufer angeboten wird. Eine Landschaft wird angedeutet, ein Tisch mit Blumen, und zwei Drittel des Bildes bestehen aus Umrissen und Nummern darin. Malen nach Zahlen. – Andy Warhol: jeder könnte tun, was ich tue.

Wer Wiederholung nur als Wiederholung zu sehen vermag, der wird Warhols Bilder freilich nicht verstehen. Wiederholung kann Lachen auslösen, sie kann aber auch bedrohlich wirken. Eine Atombombe ist beunruhigend, 25 Atombomben sind 25 mal so beunruhigend.

John Cage: Mit allen Mitteln der Wiederholung hat Andy darum gekämpft, uns allen zu zeigen, daß es keine Wiederholung gibt.

IV.

Gore Vidal: Sich über die Filmkunst lustig zu machen, indem man Jungens die Hosen ausziehen läßt, nur weil alle ihre Schwänze sehen wollen, und das wieder und wieder zu tun und die Leute fast in den Wahnsinn zu treiben, die über Filme schreiben, das halte ich wirklich für genial.

Die meisten Menschen scheinen zu glauben, daß Abbildung Zustimmung bedeutet, ein merkwürdiger Irrtum. Abbildung bedeutet immer nur Abbildung. Und wenn wir alle die Funktion des Geschichtenerzählers für ungenügend ansehen, so heißt das doch nicht, daß es keine Geschichten gäbe. Kunst ist die Fähigkeit, durch Abbildung Stellung zu nehmen. – Die Welt ist falsch eingerichtet, und also trägt jede Abbildung die Information, daß die Welt falsch eingerichtet ist. Und wenn die meisten Menschen ganz offenbar unfähig sind, diese Informationen wahrzunehmen, dann heißt das ja nicht, daß deshalb die Welt schon richtig sei. Sie ist falsch eingerichtet, egal, ob der Betrachter des Bildes das weiß, oder der Macher des Bildes. – Nach Paul Morrisseys Meinung waren die einzig wirklichen Künstler Amerikas Filmschauspieler und Rockstars. Trivialität bezeichnet eine bestimmte Weise durchzukommen.

Zum Machen von Kunst gehört, sich zum Anfang von Urteilen frei zu machen. Leute, die arbeiten (die meisten Leute arbeiten ja nicht), Leute, die arbeiten also, probieren Urteile oft aus, sie probieren an Sätzen herum. Man kann über alles alles behaupten, nur irgendwann muß man sich für eine Behauptung entscheiden. Bei den unwichtigen Sachen aber ist vielleicht dies nicht nötig. Ein Film ist gut oder schlecht, sich darüber zu ereifern unnötig. Und vielleicht gibt es auch einen Punkt, an dem es unnötig wird, sich über den Tod zu ereifern oder eine Person, die wir alle kennen. Das Gesicht von Marilyn übersteht alle unsere Blicke, und natürlich übersteht es auch Warhols Farben in ihm.

John Heartfield wurde damit berühmt, daß er seine Aufrufe zur Revolution nach ornamentalen Gesichtspunkten schuf, er signalisierte damit, daß er schon wußte, daß sich Ehrlichkeit und Literatur niemals zusammenfinden werden. Die »Electric Chairs« von Warhol brauchen kein Ausrufezeichen; sie strahlen eine so existentielle Einsamkeit aus, die soll erst mal einer nachmachen. Der »Red Race Riot« – also ein Rassenkonflikt auf roter Leinwand – braucht nur ein paar Fotos aus der Zeitung, um Stellung zu nehmen. Es gibt keine Abbildung ohne Stellungnehmen. – Allen Ginsberg: Es ist wirklich nicht seine Schuld.

Als ihn Valerie Solanis anschießt (»Er hatte zuviel Macht über mich«), da sinkt er also unter den Schreibtisch, über ihn beugt sich Billy Name (wunderbarer Name! Name!), Billy Name schluchzt, und Warhol hält das Schluchzen für Lachen, und unter ungeheuren Schmerzen fleht er Billy an: Don't laugh. Oh please, don't make me laugh.

V.

Denn natürlich ist er ein großer Komiker. Die »Four Jackies«, die Frau Kennedy mit schwarzem Schleier zeigen, sie gehören zum Komischsten, das je über den Tod gesagt wurde. Immer ist der Tod bloß der Tod der andern, und schließlich fand sich die Abgebildete sogar bereit, mit dem Künstler den einen oder anderen Abend in der Diskothek zu verbringen. Dies scheint mir den Anflug von Siegesgewißheit einzulösen, der die »Four Jackies« prägt.

John Cale: Wir wollten auf die Bühne und die Leute schwer beunruhigen. Und was wurde daraus? Walter Cronkite und Jackie Kennedy haben zu unserer Musik getanzt! – Weshalb kauft jemand ein Porträt von sich, wenn er darauf häßlich aussieht? Der König, den Goya malte, hat Goya für seine Bilder nicht getötet, eigentlich erstaunlich. Die grotesken Kolorierungen bei Warhol ließen die Liste mit den Porträtwünschen immer länger und länger werden. Die Komplementärfarben, mit denen er seine Porträts unterlegt, stehen sie für Schönheit oder für Häßlichkeit? Wer will das entscheiden.

Es ist müßig, sich zu fragen, ob diese Bilder schön sind oder nicht. Es sind Bilder. Die einzige Chance, etwas schön zu finden, ist, es nicht zu beurteilen.

Es gibt ein Foto von Warhol, da sitzt er neben dem Superman-Darsteller Christopher Reeves, Reeves breitbeinig und sehr amerikanisch lächelnd, der große Junge mit dem leeren Kopf – und daneben, klein und schüchtern, Warhol. Das Bild ist die deutliche Parallele zu einem Foto von Bertolt Brecht, wo dieser neben einem Boxer steht: der kleine schmächtige Künstler, der den Ruhm des Trivial-Idols niemals erreichen wird.

Andy Warhol: Als ich mein Selbstporträt gemacht habe, ließ ich alle die Pickel weg, weil man das immer machen sollte. Pickel sind ein zeitlich bedingter Zustand – und sie haben überhaupt nichts damit zu tun, wie man wirklich aussieht. Laß immer die Pickel weg, sie gehören nicht in das gute Bild, das man möchte. – Das, Damen und Herren, ist purer Hegelianismus. Was nicht zum Wesen eines Dings gehört, wird weggelassen. – David Bourdon: Seine Porträts sind weniger Dokumente der Gegenwart als vielmehr Ikonen in Erwartung der Zukunft.

VI.

Ich bin lange nicht darauf gekommen, warum Biografien immer so schlecht geschrieben sind: jemand, der schreibt, hat anderes im Kopf als das Leben anderer. Bücher über Kunst werden nicht von Künstlern geschrieben, sondern von Angehörigen des Publikums. – Ein Journalist braucht ein Ereignis, um schreiben zu können. Ein Autor schreibt über das, was alle sehen.

Wie viele schlechte Bücher ich in meinem Leben schon lesen mußte! Auch heute darf ich Ihnen wieder mehrere

Machwerke empfehlen. Man kommt ja nicht drumrum! Ich war nun zum Zwecke der Warhol-Forschung gezwungen, auch die schlechtesten Bücher über ihn wahrzunehmen. Und da bemerkt zum Beispiel kein einziger der ausgesprochen zahlreichen Interpreten den Scherz, den Warhol mit dem Gemälde-Titel »Thirteen Most Wanted Men« macht: Er meint einmal den Steckbrief, von dem die Bilder tatsächlich abgenommen sind, andererseits aber ist das eben ein schwuler Wortwitz: Diese bulligen Mafiosi sind der Traum jedes kleinen Jungen, der die Welt der großen starken Männer zu entdecken sich auf die Reise macht. Das Begehren.

Trotzdem gibt es Unterschiede. Manche verstehen gar nichts, manche wenigstens ein bißchen. Es folgt der Service-Teil.

Das Buch von Victor Bockris ist zweifelsohne das Grundlagenwerk, auf das sich die Generationen nach uns beziehen werden, wenn sie von Andy Warhol reden. Bockris schreibt meistens unauffällig, was, im Vergleich zu der verquälten Prätention etwa eines Stephen Koch, ganz erfreulich und angemessen ist. Bockris läßt viele der Beteiligten selbst sprechen, und er tut dies, indem er den Namen in Schrägschrift setzt und ein wörtliches Zitat folgen läßt. Das ist, in seiner Selbstbeschränkung, ideal. Bockris also gehört gekauft.

Ganz anders verhält es sich mit dem Buch von Fred Lawrence Guiles, das ganz genau denselben Zweck wie das von Bockris verfolgt und dabei in einem Maße dumm, schwätzerisch und anmaßend ist, daß man sich wirklich fragt, warum es nicht ein Weltgericht gibt, das solche Texte über einen Menschen verbietet. Guiles ist von Beruf Biografien-Schreiber (»Marilyn Monroe«, »Stan Laurel«, »Tyrone Power«, »Jane Fonda« und mehrere andere), und er macht sich nicht die leiseste Mühe, auch nur den Ansatz eines Ansatzes vom Leben Andy Warhols zu begreifen. Seine Wertungen sind konventionell, mehr als das, sie sind reinrednerisch und selbstgefällig. Anekdoten werden verhunzt, Pointen verschenkt oder verfälscht, Entwicklungen verflacht und schlicht nicht begriffen. Wenn ich die Widerwärtigkeit der amerikanischen Seele studieren will, dann doch lieber anhand des Biografaten anstatt an der des Biografanten.

Auch an dem Buch von Stephen Koch, in dem sich in quälendstem Blahblah seitenlange Beschreibungen der Filme von Warhol reihen, ist höchstens interessant, zu welch emotionalem Engagement sich jemand hinreißen läßt, der Warhol noch selbst gekannt hat.

Wirklich liebenswert dagegen die Memoiren von Ultra Violet, einem der weiblichen Stars von Warhols Filmen. Viel hat Ultra nicht zu sagen, aber sie sagt es, für uns Warhol-Fans unentbehrlich, mit naivem Charme, der seine sympathisch durchtriebenen Seiten hat – etwa, wenn sie verzweifelt versucht, die Sexualität von Warhol auch nur annähernd zu begreifen. Ultra ist reich und neugierig, und das scheint eine ganz wirkungsvolle Mischung zu sein. – Das Buch übrigens ist beneidenswert ausgestattet. Die Schrift ist violett und angenehm einfach, auch der Faden der Fadenbindung ist violett, das Papier ist schwer und trotzdem nicht protzig, nur der Fototeil tut etwas zuviel des Guten, er ist überstylt. Man sollte Lübbe-Autor werden.

Wer möchte, daß ihn seine Freunde für was Besseres halten, der kauft das Buch von David Bourdon. David Bourdon bietet alle Anekdoten, aber er bietet sie komprimiert und in etwas gehobener Form, die schlimmen Wörter sind getilgt und das Biografische ziemlich auf die künstlerische Entwicklung reduziert. Zudem ist Bourdon Kunstwissenschaftler, und er bietet von allen angezeigten Büchern als einziger einen Kommentar, der nicht vollkommen schwachsinnig ist. Auch seine Bilder-Auswahl ist die qualifizierteste.

Wer sich für nichts interessiert als möglichst viele Bilder von möglichst viel Warhol, der kauft sich die Andy Warhol Retrospektive und wird hervorragend bedient. Den Text darf er allerdings nicht lesen und Entwicklung nicht erwarten. Das ist einfach ein Potpourri.

Wer die schwarze Seite an Warhols Humor besonders mag, der kauft sich das Buch aus dem Kellner Verlag. Hier ist alles über den Tod versammelt, aus dem Fenster springende Frauen, elektrische Stühle und auch die großartigen »Thirteen Most Wanted Men«.

Wer drei Kusinen hat, die noch nicht lesen können, kauft dreimal das Buch von Klaus Honnef, das hervorragend zum Kaputtschneiden geeignet ist. Der Text kann ignoriert werden, ohne ihn auch nur angelesen zu haben, er ist drittklassig zusammengestoppelt und oberflächlich bis falsch in der Wertung. Aber das Buch kostet nur zwölf D-Mark und ergibt also für unsereinen schon eine komplett mit Warhol-Bildern vollgehängte Wohnung.

Der Hannibal Verlag in Wien verschickt das Buch des Fotografen Christopher Makos in einem Exemplar, das weder gebunden noch auch nur fachgerecht verpackt ist, die einzelnen Bögen fliegen auseinander und die Blätter haben alle diesen ekligen Knick in der Mitte, der entsteht, wenn jemand mit fehlender Feinmotorik ein Buch zu schnell durchblättert. Wenn man bedenkt, daß ich diese ganze Rezension nur schreibe, um die vielen teuren Bücher geschenkt zu kriegen, dann grenzt es an geradezu göttergleiche Gelassenheit, wenn ich dieses Verlagshaus überhaupt noch erwähne. Aber das Buch ist einfach so schön, so herzensgut und liebevoll gemacht – das gehört in den Bücherschrank von jedem, der sich an einem freundlichen Menschen freuen will. Ein Buch voller Fotos mit Warhol, und Warhol auf diesen Fotos kann auf eine untergründige Weise lächeln, die in ihrer schwulen Boshaftigkeit so wenig böse ist, so zugewandt den Dingen, die sich außer Warhol selbst noch auf den Fotos befinden: Das ist einfach reizend. – Christopher Makos: Bei jedem der zwölf Concorde-Flüge, die ich mit Andy unternahm, verging keine Gelegenheit, bei der er nicht Besteck oder Geschirr einsammelte. »Das wurde von Raymond Loewy entworfen und wird irgendwann sehr viel wert sein«, sagte er dann. »Wir müssen davon eine ganze Garnitur zusammenkriegen. Frag doch mal die Dame beim Mittelgang, ob sie dir ihren Fruchtsalat gibt.«

Andy hatte mehr als genug von diesem Tischgeschirr – er hätte eine Dinnerparty damit veranstalten können.

Wir sind an die Stelle gelangt, an der es von einem unfaßbaren Verbrechen zu berichten gilt. Holen Sie tief Luft, vergessen Sie alles, was Sie über die Welt wissen, und üben Sie Milde. Anders als in Milde wäre dieses Verbrechen zu betrachten unerträglich. – Die Rede ist vom Tagebuch. Das Tagebuch von Andy Warhol ist ein warmherziges, witziges, weises und unerschöpfliches Werk über die Welt, in der Warhol lebte. Es hat auf unserem Nachttisch zu liegen und die Träume zu entspannen. Es ist Warhol selbst, der hier spricht, und Warhol ist freundlich. Die deutsche Ausgabe des Tagebuches ist besser ausgestattet als die amerikanische, sie kostet dafür auch mehr. Das ist ein Buch, das mich mit tiefem Neid erfüllt. Wie tief, wie wirklich tief mein Entsetzen, als ich bemerkte, daß die deutsche Ausgabe des Tagebuches von Warhol einen Text enthält, dem jede Ähnlichkeit mit dem amerikanischen Original abgesprochen werden muß. Ich stehe fassungslos vor einer Verstümmelung, die keinen anderen Grund zu haben scheint als den der Inkompetenz von Bearbeiter und Übersetzer. – Wir haben uns daran gewöhnt, daß gerade Übersetzungen aus dem Englischen offenbar mit Vorliebe irgendwelchen Hausfrauen angeboten werden, die ihr Schulenglisch gegen Schleuderpreise in mehr als hilfloses Deutsch pressen – eine meiner Hoffnungen ist, der Spätkapitalismus geht vielleicht daran zugrunde, daß er die Erfindung der Zeitenfolge zur Kenntnis zu nehmen sich beharrlich weigert. Also schlechtes Deutsch, na gut. Weshalb aber, und ich verstehe das wirklich nicht, ich verstehe es einfach nicht, weshalb wird ein Buch mit grandiosen Geschichten verstümmelt? Die Begebenheiten, die Warhol erzählt, sind in der deutschen Fassung unverständlich geworden, die Pointen mißverstanden oder weggelassen. Situationen ganz offenbar nicht erfaßt und der reduzierte Code von Warhol in einem Deutsch wiedergegeben, dessen sich jeder Amtsvorsteher schämen müßte. Ich habe das Geschwätz der Kunstwissenschaftler ertragen, ich habe die dummbatzigen Adjektive ertragen, ich habe sogar die seitenlangen Vorworte ertragen, in denen nichts, aber auch gar nichts stand – aber ich ertrage den Gedanken nicht, daß sich irgendwelche kleinen Geister an einem Text vergreifen, der von einer besseren Welt erzählt: einfach, weil es ihn gibt. – Fluch über alle Herausgeber!

Die Lösung ist einfach: Die unmittelbarste Information über Warhol gibt selbstverständlich Warhol selbst. Sein erstes Buch »a« steht in jeder Bibliothek, sein letztes Buch ist das Tagebuch, und die Leute des schwulen Buchladens in Ihrer Nähe werden entzückt sein, Ihnen die amerikanische Originalausgabe zu besorgen. Die Bücher dazwischen, es sind fünf an der Zahl, wurden nie ins Deutsche übersetzt. Sie heißen »Andy Warhol's Party Book«, »POPism«, »America«, »Andy Warhol's Exposures« und, als bestes Buch, das Amerika in diesem Jahrhundert zustande gebracht hat, »From A to B And Back Again – The Philosophy of Andy Warhol«.

Ein Buch aber gibt es, und es kann also über es geredet werden: Lenin by Warhol. Wir heben uns die Rede über dieses Buch für das Ende auf.

VII.

Andy Warhol: Ich war der Ansicht, daß die Leute irgendwann einmal über sie nachdenken sollten: über das Mädchen, das vom Empire State Building sprang, über die Frauen, die den vergifteten Thunfisch aßen, und über die Menschen, die bei Verkehrsunfällen umkamen. (…) Da dachte ich, es wäre vielleicht schön für diese unbekannten Menschen, wenn einmal Leute an sie denken, die das normalerweise nicht tun würden.

Ein Aufsteiger ist jemand, der mehr wissen will, als er jetzt weiß. Ein Künstler ist jemand, der dafür keinen Aufstieg braucht. Warhol hatte die Fähigkeit, Leute Sachen zu fragen. Einer seiner Standardsätze war: Oh, tell me.

Und natürlich sind sie sämtlich davon verunsichert. Weshalb sammelt Warhol Autogramme von Leuten, die viel weniger berühmt sind als er selbst? Weshalb freut sich Warhol über jede seiner Erwähnungen in der Zeitung, wo er die doch fast jeden Tag kriegt? Und weshalb wird Warhol so reich?

Alle Künstler streben an, Millionär zu werden – sie wollen von Tauschgeschäften verschont sein (Hacks hat ein Buch darüber geschrieben). Kunst geht nicht zu bezahlen, also verlangt der Künstler vernünftigerweise den Höchstpreis und begnügt sich mit einem unbeheizbaren

Zimmer auf dem Hinterhof. Wenn dann der Künstler einmal Geld verdient, zieht er die Wut aller Drumrumstehenden auf sich. Weshalb hat er etwas geschafft, das er viel weniger gewollt hat als sie, die es immer noch verzweifelt anstreben? – Es ist ein Kleinbürgerneid. Es ist ein Kleinbürgerneid, der sich durch sämtliche Schilderungen der späten Jahre Warhols zieht. Es ist der Neid derer, die Warhol zuerst verachten, weil er sich kein Wohnzimmersofa anschafft, und kurz darauf, weil er sich eine ganze Wohnung mit ihnen vollstellt. Das Publikum begreift nicht, daß es zwei Arten gibt, von Geld unabhängig zu sein: es nicht zu besitzen oder es zu besitzen.

Ich werde nie verstehen, wie man auch nur eine Sekunde lang von den »Flowers« als etwas Künstlichem reden kann. Dieses in unendlichen Variationen kolorierte Amateurfoto ist doch schön! Das sind so freundliche, friedliche Bilder, nicht die Spur zynisch oder denunziatorisch. Was erwarten die Interpreten? Das neunzehnte Jahrhundert? Das ist vorbei. Die »Flowers« sind, deutlich und überdeutlich, der Versuch zu Schönheit. Sie sind der gelungene Versuch.

Als er von der Popular Culture Association eine Auszeichnung für seinen »Beitrag zum Verständnis der Homosexualität« bekommt, da geht Warhol bei der Verleihung nach vorne, stellt seinen Kassettenrekorder auf das Pult und sagt, als einziges und mit seiner leisen Stimme: Danke. – So freundlich muß man erst mal sein! In seinem Tagebuch besucht er Robert Mapplethorpe, als der schon krank ist, und schließt die Beschreibung mit dem Satz:

Ich hoffe, er kommt durch. Wenn das Reduktion ist, dann ist das die Reduktion der Bibel, die Reduktion auf das, was zu sagen lohnt. – Was mehr an Beweis für Freundlichkeit könnte man verlangen von einem Künstler, der den Satz spricht: Die Welt fasziniert mich.

Stephen Koch: Persönlichkeit ist ein Mysterium für ihn. – Die Zerstörung von Psychologie, wie sie die Kunst des späten Bürgertums eben liefert von Eisler bis Jelinek, sie gilt noch immer als Zeichen für Kälte. Dem Künstler wird sein Gegenstand zum Vorwurf gemacht. Die Verweigerung von Gefühl aber kann ein Versuch zu Klassik sein.

Am Schluß ihres Buches listet Ultra Violet die Toten auf, fünf engbedruckte Seiten mit Namen und Todes-Arten. Das ist die Wirklichkeitsseite an Warhols Kunst, unsinnige, furchtbare Zerstörungen, die Leben gekostet haben. Die Welt zu benutzen für seine Kunst heißt nicht, die Welt zu billigen. Neben einem Drogensüchtigen auf einem Sofa zu sitzen heißt nicht, das Einnehmen von Drogen zu billigen. – Warhol selbst hat übrigens so gut wie keine Drogen genommen, ganz im Gegenteil zu den Leuten, die um ihn waren. Die Welt, furchtbar wie sie ist, muß so genommen werden. Dann kommt die Kunst dazu.

Es gibt ein Bild von Warhol, das erst unter UV-Strahlen sichtbar wird, es zeigt die einem Amateurfoto ähnelnde Abbildung zweier überdimensionaler Titten, man kann sie wirklich nicht anders nennen, das sind Titten. Warhol konnte die Serie mit UV-Bildern nicht weiterführen. Sie waren nicht abzusetzen. Es wollte sie niemand. Warhol machte dann keine mehr. – Vielleicht ist alles richtig. Vielleicht hat das Publikum recht, die radikalsten Versuche seiner Künstler eben abzulehnen. Vielleicht gehört zur Kunst das Publikum der Kunst dazu.

Stephen Koch: I think Warhol participates very deeply in America's best kept secret – the painful, deeply denied intensity with which we experience our class structure. – Wer die Wohnung von Andy Warhol betrat, erblickte zuerst eine Büste von Napoleon. – Christopher Makos: Er war auf der Suche nach etwas Spirituellem.

VIII.

Andy Warhol: Ich habe nicht mit dem Malen aufgehört. Ich male meine Nägel an. Ich male täglich meine Augen an. – Baby Jane Holzer: Ich glaube, daß Andy einer der glücklichsten Menschen ist, die ich kenne. – Andy Warhol: Wissen Sie, man muß so tun als ob.

Ich habe lange gebraucht zu verstehen, daß Literatur nicht Inhalte gibt, sondern ein Beispiel. Der Satz All Is Pretty meint nicht daß alles hübsch sei – das wäre Schwachsinn –, er meint: Möglicherweise kann es in bestimmten historischen Momenten sinnvoll sein, die Bejahung, die jeder Mensch zum Leben braucht, auch aus Dingen zu holen, deren Bejahung nicht selbstverständlich ist, und aus dieser schwierigen Bejahung Kraft zu ziehen für eine Arbeit, die Bejahung weniger gebrochen ermöglicht.

Wenn ich nichts anderes kenne, keinen kleinsten Schritt hinaus, wen kann ich malen? Eine der Lösungen war Mao, der in den bürgerlichen Medien als der große Asket verkauft wurde und der sich jemandem, der gut zu leben sich vorgenommen hatte, also als Gegenbild anbot. Kunst ist immer ein Schritt in eine andere Welt, und eine andere Welt, das heißt auch, von mir selber weg, von meinem Wissen in ein anderes Wissen. Dieser Versuch zu einer äußersten Gegenposition macht die Faszination des dargestellten Gegenstandes immer aus. Wenn selbst der unerwünschteste Tod doch Teil des Lebens ist, das wir selber leben, wenn in der Dialektik aus Schock und Dekoration immer nur auch die platte Freude an Warhols Bildern möglich war – die Welt bewies dies diesen Bildern gründlich –, dann mußte doch trotzdem Freundlichkeit möglich sein? Überwindung? Irgendein anderes?

Damit wir uns nicht mißverstehen: Ich behaupte nicht, Warhol sei Kommunist gewesen, das wäre eine alberne Behauptung, oder auch nur politisch interessiert. Ja, wahrscheinlich ist er niemals auch nur einem Kommunisten begegnet. Ich erlaube mir, ganz von außen an Warhol heranzugehen, einfach weil ich genau weiß, was in seinem Inneren vorging.

Ronnie Cutrone: Ein gutes Beispiel war seine Italienreise, wo er überall die Hammer-und-Sichel-Graffiti sah. Da er ein Auge für Ikonen hatte, sagte er, als er zurückkam: »Warum machen wir nicht Hammer und Sichel?« Und schon durchstöberte ich die nächsten drei Wochen sämtliche kommunistischen Buchhandlungen der Stadt; ich bekam geradezu einen Verfolgungswahn, weil ich immer denken mußte, wenn die – das FBI – diese Läden überwachen, dann bin ich auf einer ganzen Menge Videos zu sehen, das machte mich richtig nervös. Und dann fand ich noch nicht mal was Richtiges, weil Andy unbedingt mit einem Schatten arbeiten wollte. Also ging ich in die Canal Street und kaufte mir einen richtigen Hammer und eine richtige Sichel, die fotografierte ich dann x-mal. Er suchte sich dann was aus, und wir machten die Drucke.

Das Lenin-Buch also.

Die letzte Serie, die Warhol abschloß, zeigt Wladimir Iljitsch Uljanow, der seinen Beruf (er war Revolutionär) unter dem Namen Lenin ausübte. Der Münchner Galerist Bernd Klüser hatte Warhol ein Bild des Politikers gezeigt. Klüser: »Andy Warhol akzeptierte den Vorschlag mit der ihm eigenen unemotionalen Begeisterung nach einem kurzen Blick auf das Foto.« Und: »Ich werde nie den Eindruck vergessen, den alle großformatigen Porträts, aufgereiht an einer Factorywand, auf mich machten. Aber auch nicht Andy Warhols Stolz auf diesen Zyklus – wenige Tage vor seinem Tod.«

Das Buch, das Klüser aus dem Zyklus gemacht hat, ist eine reine, pure, ungebrochene Freude. Es ist schmal und weiß und leider nicht billig, es zelebriert die Serie, wie es der Serie angemessen ist: schweres Papier, Frontispiz mit Seiden-Vorsatz, ein kleines Bildmaterial als Hinführung zum Thema, und dann jedes einzelne Bild der

Serie in noch handlichem, aber nicht zu kleinem Format, jedes hat eine Seite für sich. Das ist ein liebevoll gemachtes Buch von schwermütiger Gediegenheit, und die Verunsicherung, die sicherlich jeden angesichts der Gegensätzlichkeit von Abbildendem und Abgebildetem ergreift, sie zieht sich produktiv durch dieses erhabene Werk.

Das Klügste aber an der Arbeit der Herausgeber sind die beiden Zitate, die sie den Bildern, offenbar selbständig, zugeordnet haben. Zum einen sind das Warhols berühmte Sätze: Das Schönste an Tokio ist McDonald's, das Schönste an Stockholm ist McDonald's, das Schönste an Florenz ist McDonald's. Peking und Moskau haben bis jetzt noch nichts Schönes. – Und zum anderen sind das die Sätze von Lenin, die Gorkij in seinem Nachruf auf ihn mitteilt – und die Klüser witzigerweise nach einer antikommunistischen Quelle zitiert. Die Sätze sind ganz edel in das Buch eingeklebt, weiß auf rot in klassischer Schrift, sie lauten:

Ich kenne nichts Schöneres als die »Appassionata« und könnte sie jeden Tag hören. Eine wunderbare, nicht mehr menschliche Musik! Ich denke immer, mit vielleicht naivem, kindlichen Stolz: daß Menschen solche Wunder schaffen können! – Aber allzuoft kann ich diese Musik doch nicht hören. Sie wirkt auf die Nerven, man möchte liebe Dummheiten reden und Menschen den Kopf streicheln, die in schmutziger Hölle leben und trotzdem solche Schönheiten schaffen können. Aber heutzutage darf man niemandem den Kopf streicheln –

die Hand wird einem sonst abgebissen. Schlagen muß man auf die Köpfe, unbarmherzig schlagen – obwohl wir im Ideal gegen jede Vergewaltigung der Menschen sind. Hm, Hm, – unser Amt ist höllisch schwer.

IX.

Was ein Künstler ohne Revolution macht? Na Kunst.

Victor Bockris. Andy Warhol. Claassen 1989

Fred Lawrence Guiles. Andy Warhol – Voyeur des Lebens. List Verlag 1989

Stephen Koch. Stargazer – Andy Warhol's World and His Films. Marion Boyars 1985

Ultra Violet. Andy Warhol Superstar. Lübbe 1989

Klaus Honnef. Andy Warhol. Taschen Verlag 1989

Christopher Makos. Warhol. hannibal Verlag 1989

Vester (Hg.). Andy Warhol. Verlag Michael Kellner 1986

Kynaston McShine (Hg.). Andy Warhol Retrospektive. Prestel-Verlag 1989

David Bourdon. Warhol. DuMont 1989

Lenin by Warhol. Galerie Bernd Klüser 1987

Andy Warhol. Das Tagebuch. Droemer Knaur 1989

The Andy Warhol Diaries. Warner Books 1989

DER BERUF DES GENIES

Über Gertrude Stein und ihr endlich auf deutsch erschienenes Hauptwerk »The Making of Americans«

1

Gertrude Stein lebte von 1874 bis 1946, sie war eine Amerikanerin und sehr dick und ziemlich vermögend, sie lebte in Paris und mit Alice B. Toklas zusammen, sie ließ sich mit dreiundfünfzig Jahren die Haare kurz schneiden und sie übte den Beruf des Genies aus. Gertrude Stein schrieb eines der bedeutenden Bücher dieses Jahrhunderts. Es ist ziemlich genau eintausend Seiten lang, und sie schrieb es von 1906 bis 1911. Als es fertig war, war Gertrude Stein Mitte Dreißig, und sie wartete nun vierzehn Jahre lang darauf, daß es auch gedruckt wurde. Dies geschah also im Jahre 1925. Es dauerte weitere fünfundsechzig Jahre, bis das Buch in die deutsche Sprache übertragen wurde. 25 plus 65, das macht 90. Und 90, das ist jetzt. Das Buch heißt »Das Machen von Amerikanern«.

2

Fragen Sie sich an dieser Stelle genau, ob Ihnen der Gedanke, es mit einem als bedeutend eingeführten Buch zu tun zu haben, Angst macht. Sie sollten keine Angst haben. Sie sollten sich überhaupt niemals von Vorworten beeindrucken lassen. Sämtliche Vorworte, die vor den Büchern von Gertrude Stein erscheinen – und einige Bücher erscheinen gar sowohl mit Vor- als auch mit Nachwort – sind so dumm wie die beiden Bücher über Gertrude Stein, die der Arche Verlag herausgegeben hat. In einem glaubt ein Herausgeber, modern ist, wenn man von Fotos immer die Hälfte abschneidet, sodaß von den Abgebildeten nur die Ohren oder nur die Füße zu sehen sind; in dem anderen latscht eine strunzdumme Ami-Butze durch Paris und erzählt Anekdoten, die ihr völlig unkontrolliert in den Kopf kommen und die sie ganz offenbar nicht verstanden hat. Man darf diese Bücher ohne den Anflug eines Kopfdrehens vergessen.

»Das Machen von Amerikanern« ist, wie alle großen Bücher, eigentlich ganz einfach. Immer müssen die Interpreten stolz präsentieren, wieviel sie schon von einem Text verstanden haben. Aber es bleibt doch immer nur das Leseergebnis von einer Person, zumal von einer anderen als mir. Ohne Mut geht kein Lesen.

Ich habe eine Weile überlegt, ob ich erst die kurzen Bücher von Gertrude Stein empfehlen soll, als eine Art Einstieg. Ich glaube nicht, daß man einen Einstieg in die Welt von Gertrude Stein braucht. Niemand wird gezwungen, Bücher zu lesen, und wer mit Stein nichts anfangen kann, soll es lassen. Aber natürlich lernt man einen Autor in seinem Hauptwerk am besten kennen.

Übrigens muß man den Ritter Verlag für seine Edition dieses Buches wohl loben. Der Ritter Verlag ist berühmt geworden mit einer Werkausgabe von Arnolt Bronnen, in der sowohl das schwule Frühwerk, das faschistische mittlere Werk als auch das sozialistische Spätwerk fehlen; offenbar ein Verlag mit Humor.

Der Verlag wird sich nicht kaputtverdienen an dem Werk von Gertrude Stein, obwohl »Das Machen von Amerikanern« sage & schreibe 290 DM kostet. Auch zieht die Übersetzung den Text eher ins Konventionelle, möglicherweise glauben die Übersetzer, damit ein gutes Werk getan zu haben. Sehr gefallen haben mir einige Austrizismen. Loben wir also Verlag und Übersetzer, aus Gründen des Prinzips.

3

Das Auffälligste am Erzählen von Gertrude Stein ist die Reduktion. Stein verweigert einige Dinge, die wir an Texten sonst so gewöhnt sind, und die man oberflächlich als Abwechslung, Anschaulichkeit und Ausführlichkeit bezeichnen könnte. Wir lesen ja nicht in Wörtern, wir lesen in Phrasen. Das fällt uns an schlechten Texten besonders auf, das fällt uns meistens aber überhaupt nicht auf. Und es fällt uns auf, wenn jemand die Bausteine der Sprache umfallen läßt. Jeder Autor tut dies. Ein Satz von

Gertrude Stein lautet: »Ich sagte einmal und ich glaube es ist wahr daß ein Genie sein heißt ein solcher zu sein der zu ein und derselben Zeit erzählt und zuhört etwas oder alles erzählt und bei etwas oder allem zuhört.« Dies ist übrigens ganz genau die gleiche Definition von Genie, die auch Peter Hacks gibt, er formuliert es nur ein paar Nummern größer: Der Pfiff besteht eher darin, zugleich ganz in seiner Zeit und ganz außerhalb ihrer zu leben.

Ja, die Kommas. Stein benutzt keine, Stein schreibt allerdings auch im Englischen, einer Sprache, die schon ohne Stein mit weniger Kommas auskommt als das Deutsche. Solcherlei Eigenheiten machen, ich will das wohl zugeben, den allerersten Zugang zu einem Text nicht einfacher, sondern schwieriger. Es ist eine Sache der ersten zwei Seiten.

Es ist eine Sache der ersten zwei Seiten, vom Autor aus gesehen. Der Autor hat das Recht, einen Leser zu verlangen, der Neuigkeiten erträgt. Aber natürlich bedeutet jede Entfernung vom Publikum eine Entfernung von der Welt. Aber natürlich entfernt sich niemand, der an der Erkenntnis der Welt ein Interesse hat, und ohne dieses Interesse gibt es keinen Text über sie, freiwillig von seinem Gegenstand. Spätbürgerliche Literatur dokumentiert die Verschiebungen zwischen Produktion und Rezeption von Literatur in einer besonders extremen Weise, das macht ihren Reiz aus. Das macht ihren Reiz aus und ihre Traurigkeit. Gertrude Stein: »Literatur ist das Erzählen von allem aber beim Erzählen davon wo ist das Publikum. Es gibt ein Publikum natürlich gibt es ein Publikum aber wo ist dieses Publikum.« Und ganz freundlich: »Jeder der auf Reisen ist wird irgendwem erzählen auch wenn er die Sprache nicht versteht die der andere spricht wird beharrlich versuchen diesem anderen etwas zu erzählen.«

4

Mit Publikum sind nicht Leute gemeint, die das konkrete Buch kaufen. Publikum, das ist die Vorstellung des Autors, eine Arbeit mit Sinn zu tun. Es gibt ganze Epochen ohne Publikum.

Jemand, der kein Publikum hat, wird viel über es nachdenken. Gertrude Stein hat das zuerst anhand Bildender Kunst getan; sie war mit Picasso befreundet und schrieb über ihn ein witziges und kluges Porträt, das ein ganzes kleines Buch füllt. Stein: »Picasso sagte einmal, dass derjenige, der etwas erschafft, gezwungen ist, es hässlich zu machen. Durch das Bemühen, das Grosse zu schaffen, ergibt sich immer eine gewisse Hässlichkeit; die Nachfolger können daraus etwas Schönes machen, weil sie wissen, was sie tun, da es ja bereits erfunden ist; aber da der Erfinder nicht weiss, was er erfinden wird, muss das, was er macht, unweigerlich seine Hässlichkeit haben.« Wir bemerken an diesem Zitat, daß der Übersetzer um ein gängiges Deutsch bemüht ist. Der Preis ist weniger Schönheit.

Auch die »Autobiographie von Alice B. Toklas«, die Gertrude Stein anstelle ihrer Freundin selber schrieb, was ihrer Klatschsucht einen ganz eigenen ironischen Glanz gibt, auch dieser Text handelt vor allem von Bildenden Künstlern. Hier hatte Stein ihr Betätigungsfeld, und hier, im Bildersammeln, hatte sie die Möglichkeit, wenigstens eine Unterart Ruhm zu bekommen von dem, der ihr eigentlich zustand, und der ihr von der Welt verweigert wurde, weil niemand ihre Bücher druckte. »Die Autobiographie von Alice B. Toklas« ist das erste Buch, das von Gertrude Stein auf Deutsch erschien, das war 1955, fast zehn Jahre nach ihrem Tod.

Und auch die DDR, die ja eine Meisterin war im Drucken von Nebenwerken, hat dieses Buch als erstes – und einziges – gedruckt; leider in derselben, recht konventionellen Übersetzung von damals. Und das ist sicher wirklich das zugänglichste und, äußerlich gesehen, amüsanteste Buch von Gertrude Stein. Es ist aber auch das Buch, in dem sie am wenigsten Gertrude Stein ist.

In »Was ist englische Literatur« spricht Stein: »Wenn Sie in der Art schreiben wie schon geschrieben worden ist in der Art in der geschriebenes schon geschrieben worden ist dann dienen Sie dem Mammon, weil Sie von etwas leben das jemand schon geerntet hat oder erntete. Wenn Sie schreiben wie Sie schreiben müssen dann dienen Sie als Schriftsteller Gott weil Sie nichts ernten. Aber wirklich ist da keine Wahl.« Das Buch heißt übrigens im Original »Lectures In America«, er wurde vom Übersetzer geändert; ich weiß nicht warum. Auch der Titel des Buches »Geography And Plays« wurde geändert; er koppelt zwei Begriffe, die in der Alltagssprache nicht gekoppelt werden können. Im Deutschen wird dieser Titel zu »Porträts und Stücke« verplattet. Am obigen Zitat ist Ihnen sicher aufgefallen, daß der Übersetzer das Wort »geschriebenes« klein schreibt. Er will damit offenbar die englische -ing-Konstruktion andeuten; ein Versuch, der mißglückt ist.

Ich gebe zu, es ist schwierig, einen Autor zu übersetzen, bei dem es auf jedes einzelne Wort ankommt. Das englische »familiar« aber heißt nur ein bißchen familiär, es heißt vor allem vertraut.

Und ich gebe zu, daß Stein an einigen Stellen wirklich an die Grenze des Verstehbaren geht. Manches in »Geography And Plays« ist mir verschlossen geblieben, manches aber auch war mir gleich vertraut. Das sind kurze Texte, die am ehesten Stilleben gleichen, Momentaufnahmen, sehr gearbeitet, sehr merkwürdig und schön. Einmal nennt sie ihr Theaterstück »Four Saints« eine Landschaft. Ich glaube, sie lebte in einer Welt, in der es schwierig war, Bewegung wahrzunehmen.

Das geht so weit, daß sie einen Kriminalroman schreibt, in dem es weder einen Mord noch eine Kriminalromanstruktur gibt. Stein verletzt das ganze Genre, sie verweigert sich dem Genre. Man kann das witzig finden; man kann auch finden, daß das eine Kapitulation ist vor den Möglichkeiten der Genres.

Natürlich kann ich ein Stück schreiben, in dem es keine Figuren mehr gibt, aber was beweist das über die Welt?

5

Die Rede war bisher von den späteren Werken. Gertrude Stein kommt verblüffenderweise auch ganz aus dem Erzählerischen. Soeben ist ihr allerorstes Manuskript auf Deutsch erschienen, das sie selber nie hat drucken lassen, es heißt »Q.E.D« und behandelt in geradezu viktorianischer Manier die Liebesgeschichte zwischen zwei Frauen und einer dritten. Das Thema war, nehme ich mal stark an, damals nicht druckbar, und so versucht Stein, sich alle Freiheiten zu nehmen – es kam ja auf nichts an. Trotzdem ist natürlich auf jeder Seite, in jeder Zeile die Frage deutlich, ob überhaupt über etwas zu reden geht, über das man eben reden nicht darf.

In ihrem zweiten Buch »Drei Leben« gibt es die Liebeserklärung einer Schwarzen an einen Weißen, eine ganz zauberhafte Liebeserklärung, leicht komisch genommen und anrührend und lieb. Mit genau demselben Satz spricht auch eine der Frauen in »Q.E.D.« ihre Liebe aus, aber abrupt wechseln Figuren und Autorin das Thema.

Das ist es, was ich mit Publikum meine. Es gibt keinen Text ohne Publikum. Ein Autor möchte sich verständlich machen. Offenbar war es für Gertrude Stein weit einfacher, über eine schwarze Frau zu sprechen als über eine lesbische.

6

Also das Hauptwerk von Gertrude Stein, »Das Machen von Amerikanern«. Ich möchte dieses Buch empfehlen.

In »Erzählen« (übersetzt von Ernst Jandl) sagt Stein: »Erzählung beschäftigt sich mit dem was die ganze Zeit geschieht, Geschichte beschäftigt sich mit dem was von Zeit zu Zeit geschieht. Und das ist es vielleicht was an Geschichte nicht stimmt und das ist es was vielleicht am Erzählen nicht stimmt.«

Stein hat an die Verbindung von beidem nicht glauben können, diese Unmöglichkeit kennzeichnet die spätbürgerliche Literatur. Stein glaubt, so wenig erzählerisch sie auch arbeitet, nur an das Erzählende von Literatur. Sie glaubt nicht, daß Literatur ein Bild entwerfen kann. Steins Texte gehen immer vom Alltag aus, vom Stofflichen. Etwas geschieht, und Stein schreibt es auf.

In dem Titel »Das Machen von Amerikanern« steckt ein doppelter Sinn: das Tun der Amerikaner, und die Herstellung von Amerikanern. Beide Vorgänge lassen sich, wie wir seit Engels wissen, nicht trennen. Warum das so ist und wie es genau aussieht, davon handelt das Buch.

Das Buch handelt von einer amerikanischen Familie, die über mehrere Generationen hinweg beschrieben wird: ihr Leben, ihre Arbeit, ihre Art zu reden und zu lieben oder nicht zu lieben.

Das klingt konventionell, und es ist so konventionell wie die Welt. Es gibt keinen Text ohne Wiedererkennen.

Was dieses Buch von anderen unterscheidet, ist die schneidende Schärfe seiner Wahrnehmung.

Steins Interesse ist ein vollkommen intellektuelles. Die Welt, in der das Buch spielt, hat Stein offenbar klar vor Augen, sie lebt ja in ihr. Stein stellt sich Fragen über diese Welt und versucht, sie mittels genauester Beschreibung zu verstehen.

Genaueste Beschreibung, das meint, nichts ist ihr selbstverständlich: kein Wort, kein Vorgang, keine Abfolge. Satz für Satz arbeitet Stein an Erkenntnis, immer wieder scheint sie sich bei den Dingen zu fragen, was sie eigentlich sind.

Auch »Auf der Suche nach der verlorenen Zeit« von Marcel Proust, »Ulysses« von James Joyce und »Das Schloß« von Franz Kafka gehen von der ganz kleinen und konkreten Welt der Figuren aus, von der Beschaffenheit der Welt, die die Autoren kennen. Das unerträgliche Geschwätz bei Proust wird immer dann am unerträglichsten, wenn der Autor versucht, Ironie zu demonstrieren. Diese Leute quatschen viertausend Seiten lang den dümmsten Mist, und Proust hat ein Ohr dafür und schreibt es für uns auf.

Kafka geht ganz genauso von der Rede aus, aber er hat den schärferen Blick auf das Abgeschnittensein von der Welt. Kafka weiß, daß seine Figuren keinerlei Einfluß mehr haben, und das ist, in der Beschränkung des Gegenstandes, ja keine ganz unrealistische Sicht.

Joyce entwickelt aus diesem selben Phänomen den meisten Humor. Er stopft die Sprache seines Buches voll mit Bedeutungen und Nebenbedeutungen, kein Wortwitz ist ihm zu schal, kein Kalauer zu weit hergeholt, kein Vorgang zu alltäglich. Joyce stopft alles in seine Figuren hinein, das er irgend erreichen kann, und macht so die Differenz zwischen sich und seinen Figuren deutlich und den Leser also souverän im Umgang mit ihnen.

Die Methode von Gertrude Stein ist eine ganz gegenteilige. Steins Methode ist die Reduktion. Jeder einzelne ihrer Sätze klingt wie aus einer Kinderfibel. Schritt für Schritt erkundet sie die immer neu angezweifelten Gewißheiten.

In diesem Familienroman gibt es kein einfaches Aus-der-Tür-treten. Wenn der Vater das Haus verläßt, bringt das Autoren-Ich eine riesenlange Aufzählung, welche und wieviel Arten von Männern es geben könnte, ob man sie an der Art zu lieben oder an der zu essen unterscheiden könnte, wer die Einteilung vornehmen könnte und wie lange und für welche Welt sie halten könnte. Stein kann nicht den einfachsten Vorgang beschreiben, ohne zur Wissenschaftlerin zu werden. Es ist eine Art Sachbuch über das Leben.

»Männer in ihrem Leben haben viele Dinge in ihrem Inneren, sie haben in sich, jeder von ihnen hat es in sich, seine eigene Art sich selbst wichtig in seinem Inneren zu fühlen, sie haben in sich alle von ihnen ihre eigene Art zu beginnen, ihre eigene Art zu enden, ihre eigene Art zu arbeiten, ihre eigene Art Lieben in ihrem Inneren zu haben und Lieben aus sich herauskommen zu lassen, ihre eigene Art Zorn in ihrem Inneren zu haben und ihren

Zorn aus ihrem Inneren herauskommen zu lassen, ihre eigene Art zu essen, ihre eigene Art zu trinken, ihre eigene Art zu schlafen, ihre eigene Art gesund zu machen« (their own way of doctoring – das ist etwas mehr. Aber ein Übersetzer wird nie die Prägnanz des Englischen erreichen). »Sie haben jeder von ihnen ihre eigene Art zu kämpfen, sie haben in sich alle von ihnen ihre eigene Art Angst in sich zu haben. Sie haben alle von ihnen in sich ihre eigene Art zu glauben, ihre eigene Art wichtig in ihrem Inneren zu sein, ihre eigene Art anderen um sie herum das wichtige Gefühl in ihrem Inneren zu zeigen.«

Diese Sätze sind nicht in die Beschreibung eingebettet, sie selbst sind diese Beschreibung. Es gibt Beschreibung nur noch als die Frage nach der Beschreibung. Die Selbstverständlichkeit, mit der Balzac seine Wörter benutzte, und die zu einer klassischen Haltung den Autor befähigte, sie ist einer existenziellen Irritation über das Geschehen der Welt gewichen.

Diese Irritation kann durchaus etwas Witziges haben. Ich finde Wittgensteins Beobachtungen witzig, und ich habe nie verstanden, warum viele Leser die Welt von Kafka von sich wegschieben, indem sie sie als fremd bezeichnen. Kafka, das ist purer Alltag, zum Glück in die Metapher gehoben.

Eine der wiederkehrenden Wendungen von Stein ist »Wie ich schon sagte«. Stein umkreist das Geschehen, sie beobachtet die Welt, den Fortgang der Welt, und sie bleibt den Figuren stets wohlgesonnen. Sie sagt: »Es ist sehr interessant daß jeder in sich seine Art von dummem

Sein hat.« Dieses »stupid being« ist das Material von Stein, und auch wenn sie nicht daran glaubt, daß ein Text irgendetwas anderes sein könnte als die pure Beschreibung, so gerät ihr die Beschreibung von Strukturen natürlich doch zu einem Bild, das über das Beschriebene hinausweist. Schon die Bemühung, Sätze zu schreiben, die mit der Welt verglichen werden können, zeugt von Siegesgewißheit. Die vielen kleinen Geschichten, die inmitten dieser endlosen Ellipsen von Selbstvergewisserung immer wieder auftauchen, und die von Stein in einer Selbstverständlichkeit erzählt werden, als handele es sich um gemeinsame Verwandte von Autorin und Leser (Später heiratete sie John Summer), diese vielen kleinen Geschichten sind der Versuch, die Menschen nicht allein zu lassen. Wo Proust zu nachgiebig seinen Figuren gegenüber ist, bleibt Stein ganz kalt und trotzdem keine Sekunde lang unfreundlich. »Everybody is a real one to me.«

Spätbürgerliche Literatur deckt den Teil des Suchens in unserer Seele ab. Weshalb ist die Welt so einfach? Weshalb dürfen wir nicht verzweifeln, um den Feinden der Hoffnung nicht Vorschub zu leisten? Weshalb verlassen uns unsere Freunde? Kommunistische Kunst wäre der Versuch, über die Gültigkeit eines literarischen Bildes eine Antwort zu geben, eine immer wieder neue Schönheit. Wir müssen lernen, auch in der Verweigerung des Bildes das Bild zu sehen.

7

Gertrude Stein: »Ich wünschte es könnte getan werden und wenn es getan werden könnte wären alle diese Gründe weshalb es nicht getan worden ist von keiner Bedeutung denn es wird getan worden sein.«

Gertrude Stein, The Making of Americans, Ritter Verlag, Klagenfurt 1990, 1000 Seiten

Gertrude Stein, Q.E.D., Bibliothek Suhrkamp Bd. 1055, Frankfurt/Main 1990

Drei Leben, Portraits und Stücke I–II (Geography and Plays), Keine Keiner (Kriminalroman), Picasso. Erinnerungen, Autobiographie der A. B. Toklas, Was ist englische Literatur?, Was sind Meisterwerke?, erschienen sämtlich im Arche Verlag, Raabe und Vitali, Zürich.

Weitere Bücher Gertrude Steins gibt es im Suhrkamp Verlag, Frankfurt/Main.

Renate Stendhal, Gertrude Stein. Ein Leben in Bildern und Texten, Arche Verlag, Raabe und Vitali, Zürich 1989, 288 Seiten

Marry Ellen Jordan Haight, Spaziergänge durch Gertrude Steins Paris, Arche Verlag, Zürich 1989, 163 Seiten

SCHALLENDES GELÄCHTER

Wenn man von der Welt nichts mehr erwartet, keine Handlung, keine Veränderung, keinen Sinn: dann bleibt immerhin noch ein Leben in fröhlicher Trivialität. Diese Variante, so traurig sie historisch ist, kann durchaus Kraft haben, sogar Freundlichkeit. Ein Beispiel dafür ist etwa die Reihe von Kriminalromanen, die Warren Murphy geschrieben hat: sie ist bei Bastei Lübbe erschienen und leider nicht mehr lieferbar. Nun kann man diese inhaltslose Bejahung auch künstlich zu erzeugen versuchen. Die bestrickende Geradlinigkeit des Genres hat immer wieder Autoren anderer Sparten zur Nachahmung gereizt. Auch ich stehe starr vor Ehrfurcht den Kriminalromanen gegenüber, deren Auflage ich niemals erreichen werde.

Nach Ernst Eylt, Max Messer und Hans Walldorf hat sich also jetzt Liv Morten entschlossen, unter ihrem wahren Namen einen Beitrag zur deutschen Kriminalliteratur zu leisten. Ich bedaure sagen zu müssen, daß sie ihr Ziel verfehlt hat. Der Roman Das Angebot, der soeben im Verlag der Nation erschien, ist weder ein spannender Kriminalroman noch ein Stück Literatur, das Zutaten wie Spannung und Verzögerung nicht bräuchte; es bräuchte sie dringend.

Liv Morten, deren Beiträge für das marxistisch-leninistische Philosophische Wörterbuch sowie für das marxistisch-leninistische Wörterbuch der Literaturwissenschaft uns allen noch in bester Erinnerung sind, demonstriert hier eine erstaunliche Kapitulation vor dem Gegenstand ihrer einstigen Forschung: dem französischen Nouveau Roman (lohnender Forschungsgegenstand wäre, weshalb jemand offenen Auges – nämlich nach eingehender Analyse – ganz genau die Fehler begeht, die er eben aufgezählt hat). Liv Morten wärmt in ihrem Buch den abgestandenen kalten Kaffee wieder auf, die Wirklichkeit habe vor allem etwas mit der Wahrnehmung von Wirklichkeit zu tun und weniger mit Einflußnahme auf sie. Diese These mag schon in einem bürgerlichen Roman unergiebig sein, in einem Krimi tötet sie den Leser. Heraus kommt eine Ansammlung von Partikeln, was modern sein soll, sowie eine unübersichtlich konstruierte Handlung, deren einziger Vorzug es ist, von einem wacker aufgeklärten Verhältnis zum Spätkapitalismus zu zeugen. Es tut mir wirklich leid, aber das Buch ist mißlungen.

Liv Morten: Das Angebot. Verlag der Nation 1990, 176 Seiten

Erste Untersuchung: Warum Irmtraud Morgner in den Siebzigern solch einen Erfolg hatte. Zweite Untersuchung: Warum Irmtraud Morgner eine so unterschätzte

Autorin ist. – Die eine Untersuchung beantwortet die andere.

Die »Trobadora Beatriz« war ein Jahrhundertentwurf, über den die Autorin offenbar selbst erschrocken war. So setzte sie sich hin und versuchte, das Buch noch einmal zu schreiben, aber das konnte nicht wirklich gutgehen. Die Morgner hat für die »Amanda« auch schon verdächtig lange gebraucht, sie setzte sich selbst einen Maßstab, der ihr nicht gut bekam. Das geht bis in die Texte hinein: Seit der »Trobadora« zitiert die Morgner oft sich selbst, variiert ihre Motive nur noch oder widerruft sie satirisch. Irmtraud Morgner war die letzten Jahre ihres Lebens sehr krank, sie litt an einer scheußlichen Sorte Krebs. Sie schrieb nun an einem dritten Teil der jetzt so genannten »Salman-Trilogie«; ich muß sagen, daß mich diese Nachricht sehr schmerzte. Nach einem Jahrhundertbuch muß man, glaube ich, ganz zurückgehen und wieder kleine Sachen machen. Man muß sein Werk wachsen lassen. Dazu hatte die Morgner vielleicht keine Geduld.

Dieser dritte Teil soll nun, fragmentarisch, aus dem Nachlaß ediert werden. Vorab ist eine kleine Geschichte erschienen, »Der Schöne und das Tier«. In ihr beantwortet Irmtraud Morgner endlich die Frage, wie sich Beatriz, die in »Amanda« zur stummen Sirene geworden war, aus ihrer Stimmlosigkeit befreit: durch einen Akt von Liebe.

Irmtraud Morgner: Der Schöne und das Tier, Luchterhand Literaturverlag 1991, 48 Seiten

Eine Enttäuschung dagegen der reich gestaltete Band in der Elefanten Press. Hier darf man auf das Ausführlichste nachlesen, was eine Ansammlung inkompetenter Westbutzen beiderlei Geschlechts zu plappern hat, die Ostbutzen tun es ihnen nach, und selbst Georg Fülberth redet diesmal nur Unsinn. Die Herausgeberin hat sich offenbar nicht die geringste Mühe gegeben, unbekannte Texte auszugraben – von denen ich gerne bereit bin, den nächsten und übernächsten Herausgebern ein paar durchs Telefon zu geben, wenn sie mich anrufen.

Kristine von Soden (Hg.): Irmtraud Morgners hexische Wallfahrt, Elefanten Press 1991, 144 Seiten

Da ist der Band in der Sammlung Luchterhand schon ergiebiger, wenn er auch nur beweist, wie wenig Irmtraud Morgner wirklich rezipiert wurde und wird. Man ist ja fast froh, wenn Walter Jens sein dummes Geschwätz absondert, einfach weil man denkt, da wird sie wenigstens mal irgendwo erwähnt.

Aber, nicht wahr, die Zukunft ist auf der Seite der Morgner.

Marlies Gerhard (Hg.): Irmtraud Morgner – Texte Daten Bilder, Sammlung Luchterhand 1990, 224 Seiten

Karl Mickel hat so eine Art, wenn jemand etwas ganz Dummes sagt, laut schallend loszulachen. Karl Mickel ist einer der bedeutenden deutschen Dichter, und Karl Mickel lebt. Er legt nun seinen Roman vor, der, seit langem angekündigt, das Versprechen des Autorennamens mehr als übertrifft. Mit den klassischen Mitteln, durch die Moderne hindurch und zu ihnen zurückkehrend, wird hier großer Text hergestellt, reicher, komplizierter, heiterer Text, dessen Behauptung (Wirklichkeit sei kunstfähig) von ihm selber sogleich eingelöst wird.

Den Stoff bilden der 17. Juni so selbstverständlich wie Boxkämpfe, Mozart, Kartoffelernten, das Studium der frühen DDR sowie die intensiv gelebte Heterosexualität der drei Helden. Allein die Analyse der Namen ergäbe eine sehr amüsante Magisterarbeit.

Hier werden Errungenschaften Goethes für das Heute behauptet: was ein Buch ist, ein Text, was Literatur. Die Behauptung erzeugt einen großen deutschen Epochenroman. Übrigens gibt gerade die ungeheure Dichte des Buches einen merkwürdigen Effekt: Man kann es in der U-Bahn lesen. Man tankt, inmitten der lebensbedrohlichen Banalisierung, Text, Wasser verdunstet und gibt wunderbarerweise Schnaps.

Mal sehn, wie lange die DDR-Autoren solche Höhe noch halten können, ohne DDR.

Karl Mickel: Lachmunds Freunde. Mitteldeutscher Verlag, Halle 1991, 312 Seiten

Nachspann

Die Schreibweise der Überschriften der Texte wurde vereinheitlicht.

Ferner vereinheitlicht wurden: in Interviews die Darstellung von Frage, Antwort und Kommentar; Zitate und Namensnennungen im Text; bibliographische Angaben am Ende von Texten.

Gelegentliche Launen oder Betonungen des Autors, etwa *intressant* statt *interessant* oder *mit tun* statt *mittun*, *zu ende* statt *zuende* zu schreiben, wurden nicht vereinheitlicht.

Texte, die sich verstreut auch in LEGENDE finden, folgen der LEGENDE-Schreibweise, nicht der der Erstveröffentlichung.

Das vorangestellte Zitat ist dem Entwurf einer Reihe von Interviews entnommen, die RMS 1990/91 den Zeitschriften Freitag und konkret vorschlug. Typoskript im Nachlaß. Vergleiche LEGENDE II|9|5: *wie verhält sich eine königin im dreck? das ist das thema dieses buches.*

ÜBER GISELA ELSNER – Erstveröffentlichung, Typoskript im Nachlaß, handschriftlich datiert: april 80. – anthologie »vorletzte worte«: Karl Heinz Kramberg (Hg.): Vorletzte Worte. Schriftsteller schreiben ihren eigenen Nachruf. Frankfurt/Main 1970 – RMS hatte Elsner 1978 anläßlich ihrer Lesung in Hannover kennengelernt. Die beiden verband lebenslange Freundschaft, wie der umfangreiche Briefwechsel im Nachlaß RMS belegt.

ÜBER EIN GEDICHT – mögliches vorwort: Erstveröffentlichung, Typoskript im Nachlaß, handschriftliche Notiz: jan. 83, nicht abgeschickt. – DVZ: Deutsche Volkszeitung, DKP-nahe Wochenzeitung, ab 1983 DVZ / die Tat. – Von den eigentlich 14 Besprechungen sind 8, nämlich die zu Dû bist mîn, Jessenin, Maurer, Tucholsky, Storm, Ringelnatz sowie zwei weitere, die hier fehlen müssen, da die Rechte an den interpretierten Gedichten nicht zufriedenstellend geklärt werden konnten, geschrieben am 15.11.82, die anderen später. Sie sind in der DVZ in unregelmäßiger Folge, mal Schernikaus konsequente Kleinschreibung aufgreifend, mal nicht, vom 9.12.82 bis zum 8.2.85 erschienen, Einzelnachweise: schernikau.net/bibliografie. Für diese Ausgabe wurde die Kleinschreibung vereinheitlicht, im übrigen folgen die Texte der DVZ, da die im Nachlaß erhaltenen Typoskripte nicht die Fassungen letzter Hand abbilden. – Zu Jessenin: wörtliche Übersetzung Strophe 1, Zeile 1: Auf Wiedersehn, Freund mein, auf Wiedersehn; Strophe 2, Zeile 1: Auf Wiedersehn, Freund mein, ohne Hand und Wort – Zu Schickele: Die Schlußfolgerung seiner Interpretation mußte Schernikau allerdings erst per Leserbrief einfordern, die DVZ hatte auf *eine gelungene masturbation* verzichtet.

ÜBER DAS SONETT – E Düsseldorfer Debatte 3/84. Auch: LEGENDE X|6|6 – Düsseldorfer Debatte. Zeitschrift für Politik, Kunst, Wissenschaft: von 1984 – 88 Periodikum eines liberalisierenden DKP-Umfelds.

ZWEIUNDZWANZIGTAUSEND – Erstveröffentlichung, Typoskript o. T. im Nachlaß, datiert: 13.5.82. Titel für diese Ausgabe vom Herausgeber – Seit 1980 hatte der Krefelder Appell eine breite Öffentlichkeit gegen die Beschlüsse der NATO zur atomaren Nachrüstung zu mobilisieren vermocht. »Groß, bunt und mächtig« etwa hieß das Motto der Dortmunder Großveranstaltungen der Friedensbewegung zu Ostern 1982;

im Juni 82 protestierte eine halbe Million Menschen anläßlich des Staatsbesuchs des US-Präsidenten Reagan in Bonn.

ROMY SCHNEIDER – E DVZ 10.6.1982. Unter dem Titel romy schneider nachruf: LEGENDE VI|6|3 – Sternklage: gegen frauendiskriminierende Darstellungen, 1978 initiiert von der Zeitschrift Emma.

DAS THEATER IST DIE QUELLE – E DVZ 13.4.1984. – Im Rahmen der erwähnten Interview-Reihe 1990/91 plante RMS ein weiteres Gespräch mit Cox Habbema, die damals als Intendantin die Stadsschouwburg Amsterdam leitete und nur mehr für einzelne Repertoirevorstellungen ans Deutsche Theater Berlin kam. Heute zählt sie zu den einflußreichsten Frauen der Niederlande. Neben ihren verantwortlichen Tätigkeiten für Rundfunk und Fernsehen arbeitet sie als Kulturexpertin für Almere/Flewoland und Assen/Drenthe.

DIE KÄLTE, DIE DEUTSCHE FRAGE – E Siegessäule 12/85

DIE SCHMIDT – E Siegessäule 8/85. Auch: LEGENDE VI|7|7

ZYNISCH WAR ICH NIE – E Siegessäule 7/87. – Hingewiesen sei auf die Roman-Biographie »Ingrid Caven« von Jean-Jacques Schuhl, Paris 2000 / Berlin 2001, und auf ingridcaven.info

KÖNNEN TUNTEN ERNST SEIN – E Siegessäule 12/87. U DIE SCHÖNHEIT 4.12.87, danach vom 6.12. bis zum 21.12.87 jeden Tag außer Samstag im SchwuZ, Hasenheide. – »Das Stück lebt ja von Wiederholungen.« – Auszug aus DIE SCHÖNHEIT. LEGENDE IX|1:

Peggy: Er war Spion.
Millie: Spion?
Peggy: Er war Spion.
Die 2 Männer: Er war Spion.
Millie: Er war Spion.
Peggy: Er war Spion.
Die 2 Männer: Jetzt ist er tot.
Millie: Ich liebte ihn.

DAS WAR NUR EIN MOMENT – E DVZ 19.5.83

SO WURDE AUS DEM HUND EIN MUND – E DVZ 2.12.82

EHRENWORT – E DVZ 10.3.83

ÜBER SCHLAGER IN DER DDR – E in: Elmar Kraushaar (Hg.): Rote Lippen. Die ganze Welt des deutschen Schlagers. Reinbek 1983 – Der Text ist seinerzeit stark gekürzt erschienen; für diese Ausgabe wurde er nach dem Typoskript im Nachlaß vervollständigt und rekonstruiert.

DER WEG DER BRÖTCHEN – E DVZ 10.1.86

DIE WAHRHEIT IST WESTLICH – E Düsseldorfer Debatte 1/84

EIN PHÄNOMEN – E Düsseldorfer Debatte 2/84

FICKT WEITER! – E Siegessäule 11/84

MITLEID – E DVZ 4.4.85

DIE HAUT – E DVZ 30.8.85

DAS PERSONAL – E in Matthias Frings (Hg.): Dimensionen einer Krankheit. AIDS. Reinbek 1986. Als Vorabdruck unter dem Titel »Das unbenennbare Problem. AIDS« textgleich in DVZ 30.5.86 – Für diese Ausgabe um fehlende Passagen und Interviews nach dem Typoskript im Nachlaß ergänzt und rekonstruiert. – HTLV III: humanes T-Zellen-Leukämie-Virus III, bis 1986 gebräuchliche Fachbezeichnung für das humane Immundefizienz-Virus HIV.

REDE – Seit März 1990 zahlreiche, zum Teil gekürzte Nachdrucke, etwa: taz 9.3.90 – Dewag: Deutsche Werbe- und Anzeigengesellschaft, direkt dem ZK der SED unterstehend. Kulturminister: Dietmar Keller; grüne Jungs vom Spiegel: Rainer Pörtner, Rainer Weber, Willi Winkler; das Gespräch, in dessen Verlauf Keller vierzig Jahre DDR-Kulturpolitik als poststalinistisch verwirft und darlegt, nicht verantwortlich für Kunst, sondern für 25.000 abzuwickelnde DDR-Künstler zu sein, ist nachzulesen in Spiegel 3/90. Schalck-Golodkowski: im Ministerium für Außenhandel verantwortlich für Kommerzielle Koordinierung, seit 1986 Mitglied des ZK der SED, Ausschluß und Haftbefehl Anfang Dezember 89.

CORNELIA A. – Erstveröffentlichung, Typoskript im Nachlaß. – ADS: Aktionsgemeinschaft Demokraten und Sozialisten an westberliner Hochschulen – Cornelia A. lebt heute als Journalistin in Berlin.

WAS MACHT EIN REVOLUTIONÄRER KÜNSTLER – E Literatur-konkret 1990 – Buch von Peter Hacks: Schöne Wirtschaft. Ästhetisch-ökonomische Fragmente. In: P. H.: Werke, Berlin 2003. Bd. 14, S. 226–319

DER BERUF DES GENIES – E Freitag 46/1990 – Definition von Genie, die auch Peter Hacks gibt: Das Arboretum. In: P. H.: Werke, Berlin 2003. Bd. 13, S. 183–205

SCHALLENDES GELÄCHTER – E Literatur-konkret 1991

Zum Nachweis der einzelnen Texte wurden Schernikaus Aufzeichnungen und die Gesamtbibliographie von Philipp Steglich auf schernikau.net herangezogen.

Abbildungen

Zeitungsausschnitt Leserbrief konkret 9/1975. – In konkret 7/75 hatte der Publizist Peter Hamm die zwiespältig aufgenommene Uraufführung von Hans Werner Henzes und Hans Magnus Enzensbergers Vaudeville »La Cubana« zum Anlaß eines Rundumschlags gegen das bundesdeutsche Feuilleton genommen.

Gisela Elsner etwa Ende der 1960er Jahre – Foto privat

Provinz ist wo man glaubt man ist Provinz – Zettelnotiz RMS 1990/91

Das Ladies Neid-Ensemble anläßlich der Uraufführung von DIE SCHÖNHEIT 1987, im Vordergrund rechts ChouChou de Briquette als Millie und Melitta Sundström als Jimmie – Foto Michael Taubenheim

Antrag auf Einreise in die DDR – Formular PM 67 e/1

Single-Cover

Heiner Müller – Karikatur Thomas Schulz, 1984

ich brauche geld – Entwurf einer Kleinanzeige, etwa 1984

RMS in Leipzig – Foto Frank Feiertag

dann kehre ich zurück + bin berühmt. – Zettelnotiz RMS, 1990/91

RMS als Kind – Foto privat. Alle Abbildungen Archiv Nachlaß RMS

Rechte

Dank an Konrad Krämer und, für die Recherche, an Svenna Triebler und Marit Hoffmann von Konkret.